Ye 20047

Paris
1828

Deschamps, E.

Etudes françaises et étrangères

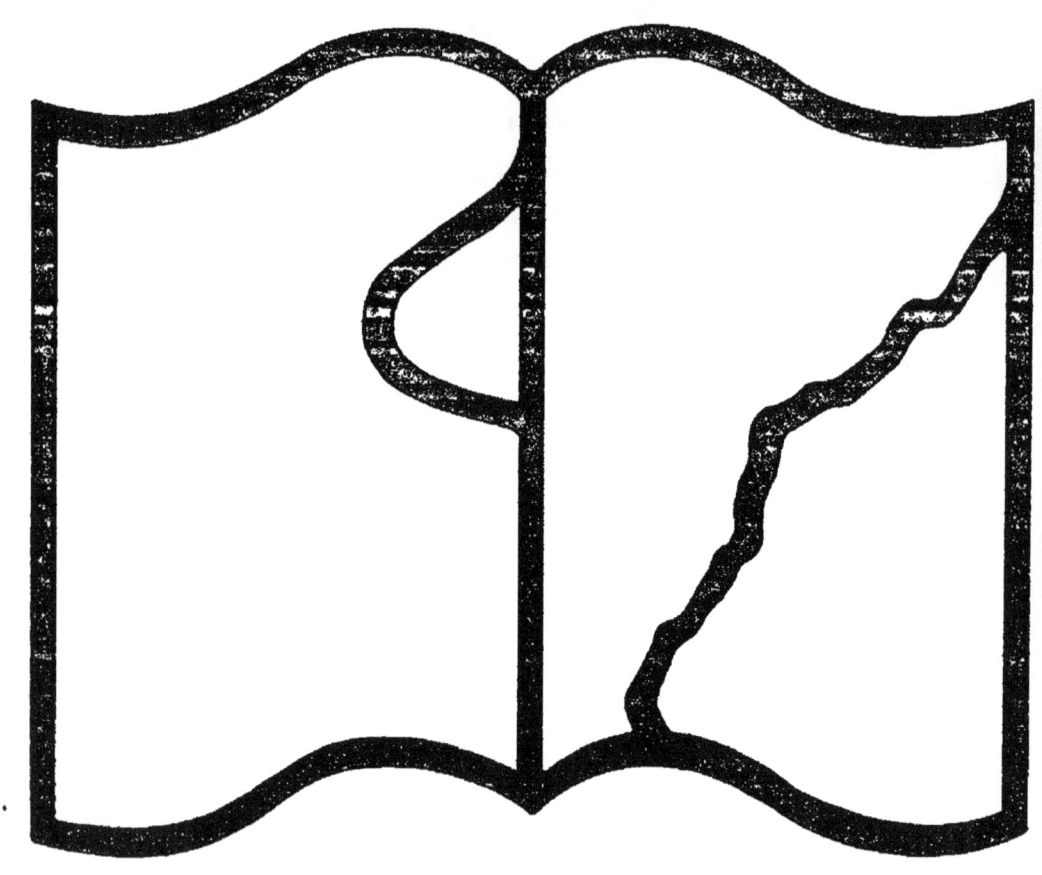

Symbole applicable
pour tout, ou partie
des documents microfilmés

Texte détérioré — reliure défectueuse

NF Z 43-120-11

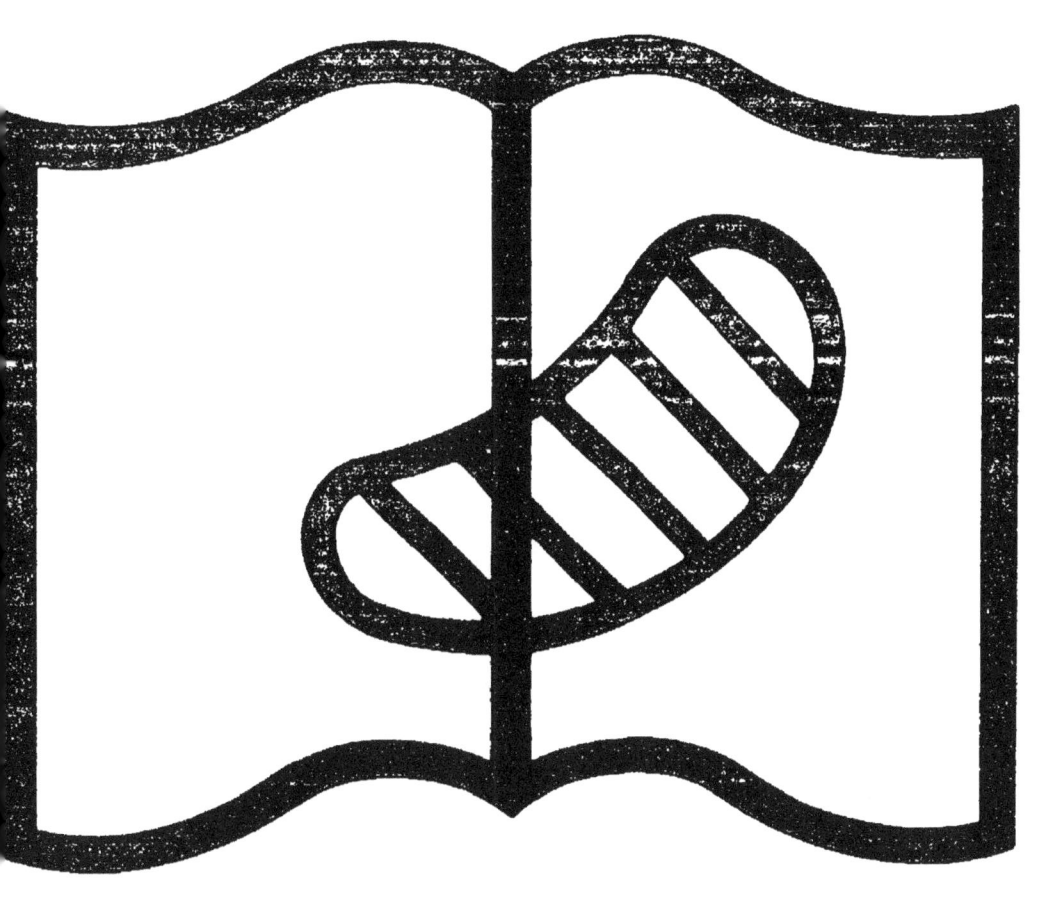

Symbole applicable
pour tout, ou partie
des documents microfilmés

Original illisible

NF Z 43-120-10

ÉTUDES FRANÇAISES

ET

ÉTRANGÈRES.

ÉTUDES FRANÇAISES

ET

ÉTRANGÈRES,

Par M. Emile Deschamps.

DEUXIEME ÉDITION,

CORRIGÉE ET AUGMENTÉE DE PLUSIEURS PIÈCES NOUVELLES.

PARIS,

URBAIN CANEL, RUE DES FOSSÉS-MONTMARTRE, N° 3.

IMPRIMERIE DE GOETSCHY, RUE LOUIS-LE-GRAND.

1828

Il faut aux hommes et surtout aux Français, grands querelleurs et grands parleurs, un champ de bataille toujours ouvert, ou une arène de discussions toujours en mouvement. Après les guerres de la Ligue et de la Fronde, sont venues les querelles des Jansénistes et des Molinistes, auxquelles ont succédé beaucoup d'autres disputes jusqu'à celles des Gluckistes et des Piccinistes; et maintenant, de toutes les factions qui ont troublé la France, il ne reste plus, nous l'espérons, que des Classiques et des Romantiques, et une bonne animosité de part et d'autre. C'est décidément la haine à la mode.

On a défini tant de fois le *Romantisme* que la question est bien assez embrouillée comme cela sans que nous l'obcurcissions encore par de nouveaux éclaircissemens. Il y a des hommes de lettres qui ont dit : — « Nous condamnons la littérature du dix-neuvième siècle parce qu'elle est romantique. » — Et pourquoi est-elle romantique ? — « Parce qu'elle est la littérature du dix-neuvième siècle. » Cet argument ne nous a pas complettement satisfaits. D'autres ont ajouté : — «On appelle *classiques* tous les ouvrages faits pour servir de modèles, et *romantiques* tous les ouvrages absurdes : donc, pour peu qu'on ait le sens commun, il est impossible qu'on soutienne la cause du romantisme. » Ceci est plus fort. Cependant on peut encore trouver mieux, en cherchant bien. Ne cherchons pas, et contentons-nous, en dépouillant ces deux définitions hostiles de ce qu'elles ont de niais, d'en faire jaillir deux grandes vérités, savoir : qu'il n'y a réellement pas de *romantisme*, mais bien une littérature du dix-neuvième siècle; et en second lieu, qu'il n'existe dans ce siècle, comme dans tous, que de bons et de mauvais ouvrages, et même, si vous le voulez, infiniment plus de mauvais que de bons. Maintenant que les *non-sens* des dénominations ont disparu, il sera facile de s'entendre.

En quoi consiste réellement la littérature française de l'époque actuelle? Par quels genres de compositions se fait-elle surtout remarquer? Quels sont les ouvrages qui font déjà sa gloire? — Pour répondre à ces questions, il ne faut qu'examiner en quoi consiste notre gloire littéraire dans les époques précédentes, et quels sont les genres où nos hommes de génie ont excellé. Or, c'est précisément dans ce qu'ils n'ont pas fait qu'on peut se faire un nom. Nos grands maîtres ont parcouru en triomphe et jusqu'au bout toutes les routes qu'ils se sont ouvertes. On doit s'écarter de leur chemin autant par respect que par prudence; et certes, ce n'est point en cherchant à les imiter qu'on parviendra jamais à les égaler. Un grand siècle littéraire n'est jamais la continuation d'un autre siècle.

Les hommes d'un vrai talent de chaque époque sont toujours doués d'un instinct qui les pousse vers le *nouveau*, comme des voyageurs qui marchent sans cesse à la découverte des pays inconnus. Après Montaigne, Pascal, La Bruyère, Bossuet, Montesquieu, Voltaire, J.-J. Rousseau, etc. tous ces beaux génies, si dissemblables entre eux, qui ont fait de la prose française la plus spirituelle et la plus éloquente prose de l'Europe, comment Bernardin de St.-Pierre, comment M. de Châteaubriand, la plus grande figure littéraire de notre temps, se sont-ils placés tout d'un coup à côté d'eux ? c'est encore en ne leur ressemblant pas. *Les Etudes de la nature*, *Paul et Virginie*, le *Génie du Christianisme*, *René*, *l'Itinéraire*, sont des productions qui n'avaient pas leur germe dans notre langue; et aujourd'hui même, parmi les écrivains exclusivement voués à la prose, quels sont les plus remarquables par la pensée et par l'expression, si ce n'est ceux qui se livrent à la haute étude des sciences philosophiques ou aux profondes recherches historiques : deux importantes matières que nos grands prosateurs des derniers siècles étaient loin d'avoir épuisées, et dans lesquelles les littératures étrangères nous ont devancés et surpassés. Les historiens et les philosophes de la génération nouvelle sont entourés de trop d'estime et de célébrité pour qu'il soit besoin de les louer et même de les nommer. Qu'il nous suffise de rappeler qu'ils méritent leurs noms et nos éloges, principalement parce qu'ils cultivent un champ dont leurs devanciers avaient à peine défriché une partie.

Si de la prose nous passons à la poésie, nous retrouverons les mêmes symptômes et l'application invariable des mêmes règles, mais bien plus frappante encore, parce que (le théâtre excepté) le siècle de Louis XIV et celui de Voltaire ne sont pas, à beaucoup près, aussi grands ni aussi complets dans la poésie que dans la prose. En effet (mettant toujours à part la poésie dramatique qui fera tout à l'heure l'objet d'un examen spécial) voyons quels monumens impérissables nous ont laissés nos poètes classiques : Voltaire se présente avec ses épitres philosophiques, un poème héroï-comique qui est un péché *mortel* et *immortel*, et toute sa poésie légère; Boileau avec un poème didactique, un volume de satyres et son admirable *Lutrin*; et Lafontaine, le plus poète de tous, avec ses fables et ses contes. Voilà des genres de poésies dans lesquels trois grands hommes ont donné à la France une incontestable supériorité, et nous admirons sincèrement l'orgueil ou l'humilité de ceux de nos auteurs qui continuent à s'y exercer. Pourquoi courir après des palmes déjà cueillies ? Comment espère-t-on avancer dans une carrière encombrée de chefs-d'œuvre ?

Mais la littérature française des deux derniers siècles est restée fort inférieure à toutes les littératures anciennes et modernes dans trois autres genres, et fort heureusement pour les poètes du siècle actuel, ces genres sont : l'*Epique*, le *Lyrique* et l'*Elégiaque*, c'est-à-dire, ce qu'il y a de plus élevé dans la poésie, si ce n'est pas la poésie même. Franchement, quelques strophes de Malherbe, très-belles de formes et d'expressions, quelques odes aussi harmonieuses, mais moins poétiques de J.-B. Rousseau, et à la fin du dix-huitième siècle quelques grands lambeaux lyriques de Lebrun, remarquables par l'éclat et l'élégance, mais glacés de mythologie, de faux sublime et de vieilles périphrases; d'un autre côté, les Élégies exclusivement érotiques de Bertin et de Parny, où l'on trouve sans doute de la molesse, de la grâce, de la volupté, de la passion même, mais tout cela dans les proportions du *boudoir* . . . . telles étaient les richesses lyriques et élégiaques de nos dévanciers, et malgré tout l'esprit et le talent qu'on doit reconnaître aux auteurs dont nous venons de parler, on sentait que l'Ode inspirée et la grande Élégie n'avaient pas eu leurs poètes, comme l'Épitre, la Satyre, la Fable. Quant à l'Épopée, la *Henriade* de Voltaire est venue faire prendre à la France sa place épique bien loin derrière toutes les autres nations : car ce sont précisément la conception et le ton épiques qui manquent à cette épopée, même dans les passages les plus justement cités par les rhétoriques de collège.

Au surplus, Voltaire a vécu au milieu d'une civilisation trop avancée pour composer un bon poème épique, quand bien même il en aurait eu la puissance en lui-même. C'est en général dans les premiers temps littéraires d'un peuple, lorsque les croyances ne sont pas attiédies, et lorsque l'invasion du roman n'a pas encore eu lieu, que paraissent les épopées vraiment dignes de ce nom. La France a laissé passer le temps. C'était au seizième siècle, c'était parmi les guerres religieuses, sous les règnes si orageux et si poétiques des derniers Valois, que devait surgir l'Épopée française ; à cette époque on trouve Ronsard et quelques autres poètes de la *Pléiade*, trop vantés alors, et surtout trop décriés de nos jours par des auteurs qui ne les connaissent guères et qui sont loin de les égaler, mais on cherche vainement, dans cette *Pléiade* brillante, l'homme d'une puissante imagination, le poète de génie enfin, capable d'enfanter une œuvre épique. Ce serait ici l'occasion de rechercher quelles influences fatales ont écarté du sol de la France le plus beau laurier poétique, et quelles conséquences en ont résulté pour l'ensemble de la poésie française, qui privée des divins secours d'une épopée, où toutes les autres littératures puisent comme dans un fleuve, a cherché sa gloire dans les genres qui n'en découlent pas nécessairement, et a pris ce caractère léger, didactique ou satyrique qu'elle a conservé pendant deux siècles, et qui lui a donné une physionomie moins belle sans doute, mais bien distincte au milieu des nations modernes. L'espace nous manque pour une pareille dissertation, et d'ailleurs ces questions et beaucoup d'autres aussi importantes sont traitées de main de maître par M. Sainte-Beuve, dans son *Tableau de la poésie française au seizième siècle*, ouvrage d'une grande utilité et d'un grand charme, qui restera comme un monument de l'art, comme un modèle de critique, et qui ne pouvait sortir que de la tête d'un érudit, d'un philosophe et d'un poète.

Le *Lyrique*, l'*Élégiaque* et l'*Épique* étant les parties faibles de notre ancienne poésie, comme nous l'avons déjà observé, c'est donc de ce côté que devait se porter la vie de la poésie actuelle. Aussi, M. Victor Hugo s'est-il révélé dans l'Ode, M. de Lamartine dans l'Élégie, et M. Alfred de Vigny dans le Poème. Mais avec quelle habileté ces trois jeunes poètes ont approprié ces trois

genres aux besoins et aux exigeances du siècle !
M. Alfred de Vigny, un des premiers, a senti que
la vieille épopée était devenue presqu'impossible
en vers, et principalement en vers français, avec
tout l'attirail du merveilleux; il a senti que les
Martyrs sont la seule épopée qui puisse être lue
de nos jours, parce qu'elle est en prose, et surtout
en prose de M. de Chateaubriand; et à l'exemple
de lord Byron, il a su renfermer la poésie épique
dans des compositions d'une moyenne étendue
et toutes inventées; il a su être grand sans être
long. M. de Lamartine a jeté dans ses admirables
chants élégiaques toute cette haute métaphysique
sans laquelle il n'y a plus de poésie forte; et ce
que l'âme a de plus tendre et de plus douloureux
s'y trouve incessamment mêlé avec ce que la
pensée a de plus libre et de plus élevé. Enfin
M. Victor Hugo a non seulement composé un
grand nombre de magnifiques odes, mais on peut
dire qu'il a créé l'ode moderne; cette ode, d'où
il a banni les faux ornemens, les froides excla-
mations, l'enthousiasme symétrique, et où il fait
entrer, comme dans un moule sonore, tous les
secrets du cœur, tous les rêves de l'imagination,
et toutes les sublimités de la philosophie.

La grande poésie française de notre époque

(toujours abstraction faite du théâtre) nous semble donc représentée par MM. Victor Hugo, de Lamartine et Alfred de Vigny, autant à cause de la hauteur de leur talent que parce qu'ils l'ont appliqué à des genres dont notre langue n'offrait point d'exemples ou dont elle n'offrait que des modèles incomplets. Il est encore un poète qu'il est impossible d'oublier : il n'a fait que des chansons, qu'importe! il n'y a point de genres secondaires pour un talent du premier ordre. M. Béranger mériterait littérairement, par ses chansons non politiques, toute la célébrité que lui a faite l'esprit de parti, le plus bête de tous les esprits.

Le Français né malin créa le Vaudeville.

Il ne voudra pas anéantir sa création. La chanson enflammait nos ayeux dans leurs combats, elle les servait dans leurs amours, les consolait dans leurs disgrâces, les égayait sous le chaume et même dans les palais.... Ce ne seront jamais les amours ni les combats qui nous manqueront; le frais laurier de la chanson ne peut pas vieillir ni mourir sur la terre de France.

Certes, il existe en ce moment plusieurs autres

poètes qui cultivent avec un juste succès les quatre genres que nous venons de citer; mais ceux d'entr'eux qui ont le plus de droit aux hommages seront les premiers à sanctionner les nôtres; certes, nous avons des écrivains distingués qui traitent encore des genres si admirablement traités par nos grands-maîtres, mais, on ne saurait trop le répéter, ce ne sont pas ces écrivains qui peuvent caractériser l'époque actuelle.

Les censeurs classiques et moroses qui ne cessent de vanter le passé au préjudice du présent, ont également tort et raison. Ils ont mille fois raison quand ils disent que les contes, les épitres philosophiques, les poésies légères, les poèmes didactiques ou héroï-comiques, les satyres et les fables, que l'on fait aujourd'hui, sont à cent lieues de ce que nos hommes de génie faisaient en ce genre il y a cent ans. Ils ont tort quand ils ne conviennent pas de la supériorité relative et absolue de notre siècle, dans tous les autres genres. Ils ont raison quand ils veulent que nos anciens chefs-d'œuvres soient étudiés et admirés avec enthousiasme; ils ont tort quand ils veulent qu'ils soient continués perpétuellement et reproduits sous toutes les formes.

Au surplus, la comparaison du siècle vivant

avec les siècles qui l'ont précédé manque toujours de justesse et de justice. Elle tombe à faux en ce que les grandes époques littéraires ne sont quelque chose que par les points où elles ne se touchent pas; et véritablement il y a peu de justice et de générosité à opposer tous les grands écrivains morts que les temps ont lentement produits, aux écrivains d'une seule époque qui est à peine au quart de son période.

Il n'y a de comparaison possible et utile à faire qu'entre les écrivains d'un même siècle; c'est-à-dire entre les continuateurs de l'ancienne école et les sectateurs de l'école qui commence. Or, à talent égal même, ces derniers auraient un immense avantage : car les idées nouvelles triompheront complettement, et cela, par l'excellente raison qu'elles sont les idées nouvelles. Il en est dans les arts comme en politique; malheur à qui se laisse arriérer. Avant tout et en tout il faut être de son temps. Il n'est plus douteux d'ailleurs que les *Romantiques* (pour nous servir encore de cette expression déjà surannée) n'aient en ce moment l'avantage du talent comme celui de la position. — « Mais, nous dit-on, n'y a-t-il point parmi les rangs des Romantiques des gens à idées extravagantes, à imagination déréglée, dont les

compositions ne ressemblent à rien et dont le style est alternativement barbare et ridicule ? »
— Qui vous dit le contraire ? n'avez-vous pas vous mêmes dans vos rangs *classiques*, des gens dont le style et les compositions ressemblent à tout, qui ont des idées.... et une imagination.... c'est-à-dire, qui n'ont point d'idées ni d'imagination? Quelle conclusion peut-on tirer de là? depuis quand calcule-t-on les forces de deux armées par leurs blessés et leurs infirmes ? Laissez-nous compter nos forces effectives, les talens véritables qu'on a tour-à-tour traités de *romantiques* depuis vingt-cinq ans; nous laisserons les noms *classiques* en blanc, vous les remplirez vous mêmes. Nous ne pouvons pas mieux dire. Ensuite l'Europe ou un enfant décidera.

On convient généralement de la supériorité de notre jeune école philosophique et historque; notre siècle est déjà si bon juge en fait de prose, que personne ne songe à nier l'immense talent de M. l'abbé de la Mennais, quoique ses systêmes soient combattus de toutes parts. Les triomphes de notre jeune école poétique sont au contraire fort contestés. C'est que pour juger la prose, il faut de l'esprit, de la raison et de l'érudition, et qu'il y a beaucoup de tout cela en France; tandis que pour juger la poésie il faut le sentiment des arts et l'imagination, et ce sont deux qualités aussi rares dans les lecteurs que dans les auteurs français. Dans notre pays, on *comprend* beaucoup plus et beaucoup mieux qu'on ne *sent*. Or, la poésie n'est pas seulement un genre de littérature, elle est aussi un art, par son harmonie ses couleurs et ses images, et comme telle c'est sur les sens et l'imagination qu'elle doit d'abord agir, c'est par cette double route qu'elle doit arriver au cœur et à l'entendement. De là vient que les grands musiciens et surtout les grands peintres, enfin tous les artistes distingués sont bien plus sensibles à la poésie, et par conséquent, en sont bien meilleurs juges que les hommes de lettres proprement dits. L'éducation musicale commence à se faire parmi nous, le goût de la peinture est déjà fort répandu ; et cependant combien de gens d'esprit, sans compter ceux qui n'en ont pas, préfèrent encore un *nocturne* bien doux, ou l'ancien *plein-chant* de notre opéra, aux plus délicieuses modulations ou aux plus riches harmonies ; et un *intérieur de cuisine*, ou un effet de *neige avec un peu de feu*, aux plus sublimes têtes et aux compositions les plus inspirées et les plus étudiées. Ce qui est vrai pour la musi-

XIX

que et la peinture l'est bien davantage pour la poésie qui est l'art le moins palpable, celui dont les secrets sont les plus nombreux et les plus intimes, celui enfin qui a le grand désavantage sur les autres arts de n'avoir pas une langue à part et d'être obligé de s'exprimer avec les mêmes signes qu'un exploit d'huissier, ou qu'un roman vertueux qui fait pleurer les marchandes de modes. De tous temps les poètes ont souffert de l'indifférence ou de l'ignorance du public. Le *Odi profanum vulgus et arceo* d'Horace, tout impertinent qu'il paraisse, devrait être l'épigraphe de chaque œuvre vraiment poétique. A moins d'un miracle qui arrive de loin en loin, quelle illusion peut se faire un poète de nos jours, quand le Dante, le Tasse, le Camoëns, Milton, etc. etc. ont été méconnus de leurs contemporains! la poésie, non dramatique s'entend, (car le public assemblé est presque la postérité) se trouve étrangement compromise entre les hommes à idées positives et la frivolité des salons.

C'est en France surtout, chez ce peuple le plus spirituel et le plus intelligent de l'Europe, que la haute poésie est peut-être le moins goûtée par ce qu'on appelle *le monde*. Le caractère, l'éducation, les habitudes des Français n'ont rien d'*artiste*. Les brillantes qualités de leur esprit, la vivacité prodigieuse de leur conversation, la coquetterie de leurs mœurs, sont en opposition directe avec le sentiment poétique, qui ne se développe que dans une vie recueillie ou passionnée. A Paris, les arts et la poésie sont un sujet de discussion au lieu d'être un amour; il n'y a pas de pays où l'on en parle plus et où l'on en jouisse moins. Quelque chose de moqueur et d'impatient agite et caractérise la population de nos salons; ce qui est naïf et grand, y est traité d'ennuyeux ou de ridicule, et les bougies n'éclairent que les succès du bel esprit et des grâces fardées. Honneur donc aux poètes dont les accens mâles et sévères ne provoquent point ces applaudissemens efféminés, ces triomphes sans conséquence, qui s'éteignent et meurent avec les flambeaux d'une fête! Et pourtant la gloire est plus belle en France que partout ailleurs; et tous les grands hommes étrangers recherchent les suffrages de Paris, comme, dans les temps antiques, on recherchait les suffrages des Athéniens. C'est que, prise dans son ensemble, la France est toujours la reine des nations; c'est que, nulle part, les succès ne font autant de bruit; c'est qu'une jeunesse ardente et instruite fermente sur les bancs de ses universités; c'est enfin qu'au milieu même de ce *monde* si prosaïque et si superficiel, se trouvent peut-être cinq cents personnes, femmes et hommes, dont l'âme est aussi poétique et aussi rêveuse que dans les montagnes de l'Ecosse ou sur les bords de l'Arno, et qui ne possèdent pas moins cette promptitude de conception, ce jugement sain, cette délicatesse de tact que rien n'égale et ne remplace chez les autres peuples. Si les *masses* sont vulgaires en France, nulle part les *individus* ne sont plus distingués. Nos poètes et nos artistes doivent donc s'attacher uniquement à plaire aux esprits d'élite; c'est même le plus sûr moyen d'avoir un peu plus tôt ou un peu plus tard le succès populaire : car la pensée de quelques hommes supérieurs finit toujours par diriger la foule.

La poésie, repoussée des salons, va encore se briser, comme sur un écueil, contre le stoïcisme des têtes exclusivement philosophiques ou politiques. Elle était trop forte là bas; ici elle paraît trop futile. Il y a erreur ou distraction des deux côtés; car la poésie qui est d'origine céleste, ne peut pas avoir tort. Plusieurs causes ont contribué de nos jours au peu d'attention que font aux vers les hommes d'une littérature très-grave.

XXII

D'abord, la véritable poésie du 19ᵉ sièle a fait invasion en France par la prose. M. de Châteaubriand et madame de Staël ont été les premiers poètes de l'époque. Beaucoup de gens s'en sont contentés; on se contenterait à moins. Et puis, il faut avouer que les poèmes de l'école *Delilienne*, et, plus tard, les vers de l'empire, quelque bien faits qu'ils fussent, étaient surtout bien faits pour décourager de la poésie française!... Les hommes forts et pensans n'ont pas pu écouter long-temps tout ce ramage; et ils se sont habitués à ne plus ouvrir un volume de vers, de peur d'en voir sortir, à chaque page, tout un poulailler décrit, ou de la mélancolie de *Directoire*. Leur défiance durait encore quand les poètes réels sont arrivés, et cette défiance invétérée sera longue peut-être à se guérir entièrement. Si les œuvres d'André Chénier, de ce poète immense, sitôt moissonné par la faux implacable qui n'épargnait aucune royauté, eussent été publiées à la fin du dernier siècle, quelqu'incomplètes, quelqu'imparfaites qu'elles soient, à cause de cette mort précoce, nul doute que l'âme des hommes supérieurs ne se fût prise alors à cette poésie virile et naturelle, et la réconciliation qui s'accomplit lentement eut été

XXIII

avancée de trente ans. Mais l'ombre d'André Chénier ne devait être évoquée que par une voix toute poétique : M. Delatouche s'est acquitté de ce soin pieux avec la modestie et la ferveur du talent.

Au surplus, pour faire sentir l'injustice de quelques préventions défavorables, il est bon de rappeler que les poètes ont en général été de bons écrivains en prose, quand ils l'ont bien voulu, tandis qu'il n'y a peut-être pas d'exemple de grands écrivains qui soient montés de la prose à la poésie. Racine écrivait en prose avec une rare élégance. Voltaire est parti d'*OEdipe* pour se lancer dans son admirable prose. Les deux Chénier étaient également de très-bons prosateurs; et de nos jours, un des auteurs les plus brillans, un des érudits les plus profonds, M. Charles Nodier, faisait de charmans vers avant de faire son excellente prose. Enfin, toute la belle et large prose de M. Victor Hugo, dans tous les genres, et ce grand roman historique de *Cinq-Mars*, qui eut suffi pour faire la réputation de M. Alfred de Vigny, sont des preuves de la prééminence du génie poétique; d'un autre côté, J.-J. Rousseau, lui-même, le génie de la prose, n'a pu produire que des vers faibles et sans chaleur. Nous rappellerons aussi que les grands poètes ont toujours été les hommes les plus instruits et les plus *philosophes* de leur temps; ce n'est même qu'à ces conditions qu'ils étaient de grands poètes. Et qu'on ne dise pas que dans un siècle comme le nôtre, où les sciences politiques et les études philosophiques sont portées à un si haut dégré de perfection, les poètes ne peuvent plus acquérir la prépondérance qu'ils avaient dans les âges moins éclairés; les hautes renommées de Gœthe au milieu de la philosophique Allemagne, et de Byron dans le pays natal de la politique, sont là pour démentir ce préjugé trop répandu. Il y a une poésie comme une législation pour chaque grande époque. Mais, ainsi que nous l'avons déjà montré, la France n'a plus besoin d'aller chercher des exemples hors de chez elle; ses jeunes poètes, nourris des souvenirs de son passé, enrichis des trésors littéraires de ses voisins, et tout palpitans encore des événemens extraordinaires qui ont remué le monde autour d'eux, ne se laisseront point intimider par tant d'obstacles, et la monarchie constitutionnelle aura son beau siècle comme la monarchie absolue.

Résumons-nous : la physionomie littéraire de

la France actuelle est caractérisée par trois grands traits: l'histoire, la philosophie, la haute poésie; les premiers talens de prose et de vers de l'époque sont renfermés dans cette triple et large barrière; et ces trois objets occupent presqu'exclusivement l'intérêt et la curiosité d'une jeunesse avide d'instruction et d'émotions. Les besoins philosophiques et historiques du siècle sont admirablement bien servis par les cours de MM. Cousin et Guizot. Il est à regretter que M. Villemain dont les brillantes improvisations rendent si étroites, les plus vastes salles, soit circonscrit lui-même, par la nature spéciale de son cours, dans l'examen critique de l'éloquence française. Quelque fertile que soit son esprit, quelqu'ingénieuse que soit son érudition, quelque prodigieuse variété qu'il jette dans ses leçons, par la comparaison toujours neuve et utile de notre éloquence nationale avec les éloquences étrangères, il n'en est pas moins vrai que l'histoire et la philosophie le pressent de toutes parts, et qu'il lui faut à tout moment, pour développer ses propres forces, entrer dans le domaine de ses deux collègues; ce qui est un désavantage pour tous les trois et un sujet d'hésitation pour l'auditoire. Si, à l'examen de l'éloquence, le célèbre professeur joignait l'examen de la poésie française, vers laquelle il ne peut faire que de rares et trop courtes excursions, quel champ fécond et nouveau lui serait ouvert! Ses leçons prendraient un caractère bien plus vivant encore et tout-à-fait *actuel,* car c'est sur le terrain de la poésie que les grands combats se livrent, et que les grandes questions doivent se décider. Sans doute, M. Villemain en appliquant son étonnante sagacité à l'étude approfondie du rhythme, de l'harmonie, de la fabrication du vers ou de la strophe, enfin de tout le matériel poétique, se convaincrait et convaincrait facilement ses auditeurs, des immenses progrès que la nouvelle école a faits dans la partie *artiste,* comme dans la partie intellectuelle et littéraire de la poésie. Il proclamerait sans doute hautement, que les rayons presqu'éteints du dernier siècle ne peuvent pas être la lumière d'un nouvel âge; il n'hésiterait pas, dans l'intérêt de l'art et de sa propre gloire, à se séparer de la mort pour s'attacher à la vie, et tout en éclairant les poètes de cette nouvelle école sur leurs défauts et leurs dangers, il les vengerait, par l'autorité de sa parole, des outrages de l'ignorance ou du pédantisme scholastique.

XXVII

Cependant, philosophes, poëtes, historiens, vraiment dignes de ces noms, unissez-vous de cœur et d'action, au lieu de vous diviser par de vaines théories et de discuter pour de vaines préséances; vous tenez les trois sceptres de la pensée, ne vous en faites point des armes les uns contre les autres, mais joignez-les en faisceau, et vous serez invincibles. Songez que c'est par cette alliance irrésistible de tous les talens, que vos devanciers ont sapé les bases de l'ancienne société et posé celles du nouvel ordre de choses. Serez-vous moins forts et moins unis pour réédifier, consolider et embellir? Songez que vous parlez à ce peuple français, le premier peuple du monde, parce qu'il est le plus chevaleresque et en même temps le plus philosophique; à ce peuple changeant il est vrai, parce qu'il est étonamment impressible, mais qui sait souffrir et mourir pour une doctrine, qui fait la guerre pour le triomphe d'une idée, et dont les fureurs même ont été commises au nom d'un principe. Parlez-lui donc de gloire et de sagesse, de discipline et de liberté, d'enthousiasme et de raison, il vous comprendra et vous obéira. Vous tous, qui avez la science, le jugement et l'imagination, ne formez qu'une ligue en faveur de l'ordre et de la civilisation; tournez vers le *bien* et vers le *beau* toutes les facultés que vous avez reçues du Ciel, mettez en commun tous vos trésors et toutes vos forces pour faire avancer le grand œuvre du 19e siècle, et laissez les versificateurs continuer en paix leur innocent métier.

Il est temps de jeter un coup d'œil sur notre théâtre et d'examiner rapidement ce que nos grands-maîtres en ont fait; ce qu'on en fait aujourd'hui: ce qu'on peut en faire encore.

Après avoir montré la France des deux derniers siècles, infiniment supérieure par sa prose à toutes les autres nations ensemble, il nous a fallu avouer son évidente infériorité dans les hauts genres de poésie, qui n'ont été réellement cultivés que par l'école actuelle; nous sommes heureux de pouvoir lui rendre sa suprématie dans la littérature dramatique.

La France est la nation la plus dramatique de l'Europe. Aucun peuple d'aucun temps ne peut lui disputer la palme de la comédie. C'est faire injure à Molière que de le nommer le premier poète comique du monde; on doit dire : LE SEUL, tant il est au-dessus de tous. Sans doute, Shakespeare est le plus grand génie tragique des temps modernes, et les maîtres de notre scène sont loin de l'égaler pour la création des caractères, l'invention des fables, le langage de la passion et la poésie de style; mais il faut considérer qu'après Shakespeare, l'Angleterre n'a plus rien de vraiment grand, tandis que notre théâtre tragique a été constamment illustré, pendant deux siècles, par une succession non interrompue de poètes du premier ordre; ce qui rend la Melpomène française bien plus imposante et bien plus complète. Il faut considérer aussi que les belles proportions et la régularité imposées à notre tragédie par les auteurs de *Cinna* et d'*Andromaque*, lui donnent une physionomie à part, au milieu des littératures contemporaines. Nous examinerons plus loin si cet avantage n'a pas été payé depuis trop chèrement, en nous privant d'un grand nombre de ressorts dramatiques; toujours est-il vrai, que si les pères de la tragédie française n'ont pas créé beaucoup de personnages, ni de fables, on ne peut leur refuser une création immense, celle d'un système entier dont les formes majestueuses ne se sont pas altérées pendant deux cents ans. Voici quelques lignes de l'ouvrage de M. Sainte-Beuve, qui rendent notre pensée beaucoup plus éloquemment que nous ne pourrions le faire : « On vit,

» chose inouïe jusque là, une littérature mo-
» derne appliquer le goût le plus exquis à ses
» plus nobles chefs-d'œuvre; la raison prévenir,
» assister le génie, et, comme une mère vigi-
» lante, lui enseigner l'élévation et la chasteté
» des sentimens, la grâce et la mélodie du lan-
» gage. On vit l'imitation des anciens devenue
» originale et créatrice, réfléchir, en l'embellis-
» sant encore, la civilisation la plus splendide
» de notre monarchie, et de cette fusion har-
» monieuse entre la peinture de l'antiquité et
» celle de l'âge présent, sortir un idéal ravissant
» et pur, objet de délices et d'enchantemens
» pour toutes les âmes délicates et cultivées.
» Enfin, si l'on n'eut pas en France la poésie
» du Dante, de l'Arioste et du Tasse, ni surtout
» la poésie de Shakespeare, l'on eut Racine, et,
» pour la première fois, la perfection de Virgile
» fut égalée. »

A l'exception donc de cet admirable *Cid*, sur lequel nous reviendrons tout-à-l'heure, les premiers et les plus beaux chefs-d'œuvre de notre théâtre sont romains, grecs ou juifs. Racine et Corneille ont exploité magnifiquement ces trois antiquités, en les arrangeant, sans les dénaturer, selon le goût de leur siècle; car les poètes dramatiques (et c'est ce qui nuit beaucoup à la durée de leurs ouvrages) ne peuvent pas toujours pousser très-loin la fidélité des mœurs et la vérité du langage; ils sont obligés, pour être entendus et goûtés, de prendre, dans leur style et dans leurs caractères, une moyenne proportionnelle entre le siècle qu'ils mettent sur la scène et le siècle dans lequel ils vivent. C'est ce que Corneille et Racine ont fait avec un art prodigieux, et chacun avec des procédés bien différens. Ces deux poètes immortels n'ont rien de pareil entr'eux, et c'est pourquoi ils peuvent se traiter d'égaux.

Voltaire, après eux, jeta son drame pathétique et brûlant dans toutes les nations et dans tous les temps où n'était point parvenu le génie de ses devanciers; il fit comparaître sur la scène une grande partie des peuples modernes, et c'est en cela surtout qu'il a mérité le trône tragique où il est assis. L'innovation est toujours le seul moyen de gloire. Mais Voltaire, si inventif dans ses conceptions, si intéressant dans ses fables, si neuf par les pensées, est resté, comme poète et comme écrivain, bien au-dessous de Corneille et de Racine. Soit que la nature ne l'ait pas doué de poésie au même degré que ces deux grands hommes, soit que, travaillant pour une époque excessivement spirituelle, mais peu artiste, il ait négligé, à dessein, la forme et la couleur poétiques, qui n'eussent été que médiocrement senties, pour se livrer tout entier aux combinaisons théâtrales et aux déclamations philosophiques qui étaient alors dans le goût du public; il est certain qu'il a outré encore le défaut de localité et d'individualité qui est le péché originel de notre tragédie. Ses personnages turcs, chinois, arabes ou américains, sont bien plus des Français, que les Grecs et les Romains de Racine et de Corneille, et comme ce sont des Français du siècle de Louis XV, au lieu d'être des Français du siècle de Louis XIV, leur langage est moins grand, moins pur et moins idéal. Ce n'était plus devant madame de la Vallière, mais devant madame de Pompadour qu'ils parlaient. Il est juste toutefois d'excepter les caractères de *chevaliers* que Voltaire a tracés avec beaucoup de charme et une fidélité de couleur plus que suffisante pour l'époque. Au total, malgré de nombreux vices d'exécution et une débilité de style qui contraste trop souvent avec la hardiesse des idées, Voltaire a dû produire tout l'effet qu'il a produit, et il est impossible de ne pas reconnaître qu'il a étendu, sinon aggrandi notre scène tragique, et qu'il a *passionné* encore le dialogue et les situations; enfin il a ouvert une source nouvelle et abondante de pathétique, et on lui doit de fortes et nobles émotions qu'on n'avait pas éprouvées au même degré avant lui.

Arrêtons-nous pour remarquer que le génie de nos trois grands tragiques s'est manifesté dans les proportions et avec les formes qui convenaient aux époques où ils ont écrit; et que la nature de leurs beautés et même de leurs défauts n'a aucune analogie. Comment donc obtenir une place à côté d'eux? c'est en faisant ce qu'ils n'ont pas fait et ce qu'ils feraient maintenant.

Assez long-temps, on nous a donné les mêmes tragédies sous des noms différens, assez long-temps, les continuateurs, exagérant ce qu'il y avait de défectueux dans nos chefs-d'œuvres sans en reproduire les beautés, nous ont montré des personnages antiques habillés à la moderne, ou des modernes parlant un vieux langage; la tragédie française, d'imitation en imitation, est arrivée, à fort peu d'exceptions près, à ne plus être qu'un moule bannal où l'on jette des *entrées* et des *sorties* extrêmement bien motivées, sans s'occuper de faire agir et parler les personnages d'une manière neuve et attachante. Delà, cette indifférence du public pour le Théâtre-Français, qui fut si long-temps notre gloire et notre plus noble plaisir.

Chez tous les peuples, les arts, à certaines époques, changent de formes et de moyens, quoique leur but et leurs effets soient toujours les mêmes. Il en est de cela comme des lois. De temps à autre de nouvelles combinaisons de plaisirs, de nouvelles conditions de succès deviennent nécessaires. Nous en sommes là aujourd'hui pour tous les arts. La révolution musicale opérée par M. Rossini, celle qui s'opère en ce moment dans la peinture, sont des preuves irrécusables de cette vérité. On ne peut nier l'immense révolution produite dans la littérature française par les historiens, les philosophes et les poètes de la nouvelle école ; pourquoi l'art dramatique n'aurait-il pas son tour ?..... Mais déjà, cette révolution est tentée avec plus ou moins de bonheur sur tous nos théâtres. Seul, le Théâtre-Français, reste encore immobile au milieu du mouvement général, c'est la dernière forteresse du *scholastique*. Elle ne pourra pas tenir long-temps, il faudra bien qu'elle capitule par famine.

Les choses sont déjà fort avancées ; déjà l'on sait très-bien ce qu'on ne veut plus, si on ne sait pas encore ce qu'on veut. Le terrain est déblayé, il n'y a plus qu'à tracer les routes. C'est aux gens de l'art à éclairer et à guider le public. Mais les théories sont bien peu efficaces, quand les exemples ne s'y joignent pas. Quelques grands modèles de la nouvelle beauté tragique dont notre théâtre doit nécessairement s'enrichir, sous peine de mort, parleront plus haut que tous les raisonnemens, et c'est pourquoi la révolution dramatique ne saurait être mieux commencée que par la représentation des chefs-d'œuvres de Shakespeare traduits en vers français avec audace et fidélité.

Quoi ! dira-t-on, encore des imitations, jamais d'originalité ! — Nous répondrons d'abord que rien ne serait plus original et plus neuf pour le public, que la représentation naïve sur notre théâtre d'une grande tragédie de Shakespeare, avec toute la pompe d'une mise en scène soignée; car les représentations anglaises où les trois quarts et demi des spectateurs n'entendent pas un mot, et les traductions en prose, privées de la magie du style et du jeu des acteurs, ne donnent du grand poète qu'une idée toujours imparfaite et quelquefois très-fausse. Et puis, où sont donc les tragédies créées, parmi celles que depuis trente ans on nous a données pour nouvelles ? combien en est-il qui ont survécu à leur succès ! le compte ne serait pas difficile à faire. Avouons que sous d'autres titres, on nous joue perpétuellement la même chose, nous voyons beaucoup de continuateurs.... En vérité, jusqu'à ce qu'il se présente un génie inventeur, les traducteurs doivent avoir la préférence. Les continuateurs français nous donnent tout juste, en moindre qualité, ce que nous avions depuis long-temps, en immortels chefs-d'œuvres. Au moins les traducteurs nous donneront-ils ce que nous n'avions pas encore. ce n'est point parce qu'un auteur prend un sujet nouveau qu'il fait une tragédie neuve ; si les caractères, les situations et le style n'en sont point innovés, s'il a mis à contribution vingt ouvrages nationaux pour composer le sien; si la mémoire des spectateurs retrouve à tout moment *Mithridate* ou *Alzire* sous des habits et des noms supposés, si, presqu'à chaque vers on se souvient du vers suivant, en croyant le deviner, certes, une telle œuvre ne peut point raisonnablement passer pour une œuvre d'imagination. C'est que les fables tragiques sont extrêmement rares, et que les hommes de génie sont très-rares aussi ; les poètes dramatiques peuvent se diviser en trois classes : d'abord, ceux qui inventent ou plutôt qui trouvent des fables et les traitent d'une manière également inventée ; il y en a trois ou quatre comme cela depuis le commencement des siècles; ensuite ceux qui traitent franchement de grands et beaux sujets traités trop faiblement avant eux, et qui, les embellissant et les rajeunissant par la vigueur de leur pensée et les formes nouvelles de leur talent, sont au moins créateurs par l'exécution ; de ces auteurs là, il s'en rencontre tout au plus deux ou trois par époque; enfin, ceux qui traitent et écrivent d'une manière commune et connue de prétendus sujets créés, dont il n'y a d'inventé que le titre et dont toute l'originalité disparaît avec l'affiche : cette classe d'auteurs a toujours été très-nombreuse.

De toutes les tragédies représentées de nos jours au théâtre de la rue Richelieu, quelles sont celles qui y resteront le plus long-temps? ce sont évidemment : l'*Agamemnon* de M. Lemercier, la *Clytemnestre* de M. Soumet et la *Marie Stuart* de M. Lebrun, c'est-à-dire deux imitations du *grec*, admirablement bien appropriées à notre scène ; et une habile traduction de l'*allemand*, qui émeut et attache par cette poésie naturelle et colorée qu'on a retrouvée depuis avec tant de charme dans le *Voyage en Grèce* du même auteur. Si nous passons à l'Odéon, nous trouvons en première ligne des tragédies qu'on y a représentées, les *Macchabées*, ouvrage fort remarquable de M. Guiraud, et le *Saül*, dont la belle et grande poésie a placé M. Soumet si haut parmi ses rivaux de gloire : ces deux pièces sont encore des sujets refaits ; un seul ouvrage entièrement neuf survivra aux critiques et aux éloges qu'il a reçus; c'est *le Paria* de M. Casimir de la Vigne, œuvre essentiellement philosophique, qui peut-être n'a pas cet intérêt vulgaire que cherche d'adord la foule, mais qui frappe tous les esprits distingués par des situations fraîches, des caractères créés et par un style de poète. Le *Paria* est l'ouvrage de M. de la Vigne qui a eu le moins de succès, et qui lui fera le plus d'honneur.

Une autre traduction de *Schiller*, qui rappellerait sans aucun doute le succès de *Marie Stuart*, c'est le *Guillaume Tell* que Pichat a laissé. Nous pouvons affirmer que le ton, la couleur, toute la poésie du poète allemand a passé dans l'œuvre du poète français ; c'est une tragédie d'un intérêt puissant et d'une exécution parfaite. Pichat avait débuté avec un grand éclat dans

Léonidas, et le pas qu'il a fait de *Léonidas* à *Guillaume Tell* est immense. On ne peut s'expliquer que par l'*esprit d'imprudence et d'erreur*, la négligence ou l'oubli du Théâtre-Français à l'égard d'un tel ouvrage. Si le nom de Pichat, si l'intérêt de l'art sont peu de chose pour le comité, du moins devrait-il comprendre son propre intérêt; mais non, *Guillaume Tell* a eu son triomphe sur tous les théâtres; l'Opéra qui est si habilement dirigé maintenant, lui en prépare un qui effacera tous les autres; et la Comédie Française ne se réveille point de son apathie! La première pensée du ministre de l'intérieur a été pour Pichat mourant; son premier soin a été de délivrer *Guillaume Tell* des chaînes de l'ancienne censure qui l'opprimait comme un autre Gessler; pour la première fois, depuis bien long-temps, on a vu le pouvoir aller au-devant du talent : les Muses sont *filles de mémoire*, elles ne l'oublieront pas. Espérons que le Théâtre-Français se souviendra enfin que ses cartons renferment une belle tragédie d'un poète trop tôt pleuré, et que le public l'attend.

Ce qu'on a déjà fait pour Schiller, nous le réclamons hautement pour Shakespeare. S'il avait encore besoin d'apologie auprès de quel-

XI.

ques esprits timorés, qu'ils lisent les belles et éloquentes leçons de M. Villemain sur ce créateur de la tragédie moderne, et qu'ils voient comment le goût le plus pur se prosterne devant le génie. C'est que les grands auteurs ont toujours été les plus grands critiques, quand ils ont voulu s'en mêler. Encore une fois, les maîtres de notre scène n'ont rien fait de complet par eux-mêmes dans les sujets modernes. Voltaire, en se tenant toujours dans le style pompeux, s'est privé de la ressource immense des contrastes de mœurs et de caractères. Nous n'avions que le *Cid* qui fut continuellement naturel et vrai; aussi est-il emprunté à un théâtre étranger, aussi Corneille l'appela-t-il tragi-comédie, tant ce grand homme sentait la nécessité du mélange des tons dans ce qui n'était point l'*antique*; on sait comment il fut rejeté hors de cette voie nouvelle par les prétendus classiques du temps, mais on ne conçoit pas comment, dans les deux derniers siècles, aucun auteur n'a cherché à y rentrer. Nous persistons à dire que la seule manière d'y marcher à coup sûr, c'est de débuter par y suivre Shakespeare, de même que Racine, pour traiter les sujets antiques, s'est inspiré d'Euripide et s'en est approché autant que son siècle le permettait. Du reste, il n'est pas question de vouloir détrôner nos grands poètes au profit d'un usurpateur, comme quelques gens de lettres feignent de le craindre. Dans l'empire des arts, il y a un trône pour chaque génie : Voltaire n'a fait aucun tort à Corneille ni à Racine, il n'a tué que leurs imitateurs; de même Shakespeare ne fera de mal qu'aux continuateurs de Voltaire. On peut donc être bien tranquille. Quant aux vieilles indignations *nationales*, à ces gothiques haines de l'*étranger*, à qui prétendrait-on imposer aujourd'hui avec toute cette *patrioterie* littéraire? La France est trop forte et trop riche pour être jalouse et injuste. C'est une chose merveilleuse à voir que la promptitude avec laquelle s'est faite l'éducation du public; il y a six ans, on recevait les acteurs anglais avec des hurlemens et des outrages!... Pourquoi le public ne voudrait-il pas voir Shakespeare au Théâtre-Français, comme il y a toujours vu, comme il y voit tous les jours, Sophocle, Euripide, Guillen de Castro, Maffey, Alfiéri, Schiller, etc., etc.; comme il admire un tableau de Rubens et de Raphaël, dans notre musée; comme il écoute la musique de Mozart ou de Rossini, à notre grand Opéra? quelle distinction puérile la sottise et la mauvaise foi, chercheront-elles à établir entre des analogies si évidentes ?

Mais, nous dira-t-on, *Phèdre*, *Iphigénie*, *OEdipe*, etc. etc., n'étaient que des imitations des anciens, habilement appropriées à notre système et à nos mœurs dramatiques, et vous voulez imposer au public la représentation de traductions fidèles de Shakespeare. — Sans doute ; et en voici les raisons : la disposition des cirques antiques, l'intervention du chœur, les grandes robes et les masques des acteurs, les rôles de femmes joués par des hommes, enfin l'extrême simplicité de l'action et l'ordre tout payen des idées et des sentimens, eussent formé de trop choquantes disparates avec nos habitudes sociales et notre civilisation chrétienne, pour que la tragédie grecque pût être posée toute droite sur notre théâtre, comme une statue qui change de piédestal. Shakespeare au contraire est un génie qui répond à toutes les passions modernes, et qui nous parle de nous dans notre propre langage ; et puis, les moyens d'exécution de ses ouvrages sont à peu près les mêmes que pour nos tragédies. Quelques changemens de décorations de plus ou de moins, voilà toute la différence. Convenons aussi que nos grands tragiques, tout en gémissant, ont trop souvent sacrifié au goût de leur siècle, la peinture sévère de l'*antique* qu'ils imitaient. De là les *virago* de Corneille, les galans *jeunes premiers* de Racine, et ces vieilles amours de *Jocaste*, que Voltaire se reprochait tant. Nous venons à une époque où le besoin de vérité en tout, est universellement senti, et en cela les poètes actuels sont plus heureux que leurs prédécesseurs. C'est donc leur faute et la faute des acteurs, mais non celle du public, si *le faux* et le *conventionnel* tiennent encore trop de place sur notre théâtre. Et pour revenir à Shakespeare, qui ne s'aperçoit pas maintenant que les imitations de Ducis, toutes utiles, toutes hardies même qu'elles ont été, ne sont réellement que des lambeaux mutilés d'un géant? On y trouve des scènes admirables, mais on cherche vainement une pièce. Comme l'a fort judicieusement observé le *Globe*, dans un des excellens articles qu'on y rencontre souvent : « Le temps des imitations est passé. Il faut ou créer ou traduire, » rien de pire en effet qu'un portrait qui n'est pas ressemblant. Il est temps de montrer au public français ce grand Shakespeare, tel qu'il est, avec ses magnifiques développemens, la variété de ses caractères, l'indépendance de ses conceptions, le mélange si bien combiné des styles comique et tragique, enfin avec ses beautés toujours si neuves et si originales, et même avec quelques défauts qui en sont inséparables et qui du moins ne ressemblent pas aux défauts de nos poètes. Il est temps que ses chefs-d'œuvres soient reproduits fidèlement sur notre scène, comme les nôtres le sont sur les scènes étrangères. Toute l'Europe savante et poétique est sous la dominatoin de Shakespeare traduit dans toutes les langues; il ne lui manque plus que vingt toises carrées, à Paris, au coin de la rue Saint-Honoré et de celle de Richelieu; elles ne peuvent plus lui manquer long-temps.

Quoi! dira-t-on encore, faut-il montrer au public français toutes les bouffonneries obscènes ou toutes les froides horreurs qui charmaient les Anglais du temps d'Elisabeth!.... Non, certes. Ce fut aussi un tribut que le grand homme a payé au mauvais goût de son temps; mais tel est l'art qu'il a mis dans ces monstruosités mêmes, qu'elles peuvent s'enlever toutes, sans rien déranger à l'échaffaudage de ses pièces et à la marche de l'action; cette épuration, commencée par lui-même et continuée depuis en Angleterre, souvent avec peu de goût et de discernement, fait nécessairement partie du travail d'un traducteur français qui ne doit pas rejeter ou garder tout ce qu'ont gardé ou rejeté les arrangeurs anglais ; mais la traduction n'en sera pas moins littérale, en ce sens, que si elle ne donne pas tout Shakespeare, du moins elle ne contiendra rien qui ne soit de Shakespeare.

Nous prévoyons l'objection banale qu'on va nous faire : vous prônez la représentation des traductions en vers de Shakespeare, parce que vous avez traduit ainsi quelques-unes de ses tragédies. A quoi nous répondrons d'une manière assez banale aussi : nous avons traduit quelques tragédies de Shakespeare en vers français, précisément parce que nous en croyons la représentation nécessaire au public, à l'art et au Théâtre-Français lui-même. Au Théâtre-Français, parce que n'ayant plus de grands acteurs tragiques, il ne peut espérer de vogue que par l'attrait d'un genre et d'un système de pièces entièrement neufs sur notre scène; au public, parce que lassé de tant de pâles contr'épreuves de nos chefs-d'œuvres, lassé de la mesquine réprésentation de nos chefs-d'œuvres eux-mêmes ; il aime mieux les relire vingt fois avec délices et attendre pour revenir au théâtre que quelque chose y réponde à ce vague besoin de nouveauté qui le tourmente; à l'art enfin, parce que faute de point de comparaison il serait à craindre que ce besoin se satisfît aveuglément avec des ouvrages *prétendus romantiques*, faits sans inspiration et sans étude, qui n'auraient que les formes extérieures des drames de Shakespeare, et dont toute la nouveauté consisterait à briser les unités de temps et de lieu, auxquelles personne ne songe, et à mêler des lazzis du boulevard au langage cérémonieux de notre vieille tragédie Il est urgent qu'une tragédie de Shakespeare, prévienne le danger et empêche l'opinion de s'égarer soit en bien soit en mal sur le grand procès dramatique. Tout sera décidé en une soirée, et un parterre intelligent et impartial reconnaîtra sur le champ, que la question n'est pas dans la coupe matérielle des scènes et des actes, dans les passages subits d'une forêt à un château, et d'une province à une autre, toutes choses dont on fait aussi bien de se passer quand on le peut, et qu'on ne doit ni repousser ni rechercher, mais qu'elle est réellement dans la peinture individualisée des caractères, dans le remplacement continuel du récit par l'action, dans la naïveté du langage ou le coloris poétique, dans un style enfin tout moderne.

La traduction de *Romeo et Juliette* que nous avons faite avec M. Alfred de Vigny, et les autres traductions que nous achevons chacun séparément, sont des travaux entrepris de conscience; nous pourrions écrire en tête, comme Montaigne: *ceci est une œuvre de bonne foi.* Aucun amour-propre, aucun intérêt hors de l'art ne nous a dirigés; nous n'avons d'autre ambition que de faire connaître le grand poète anglais au public français; si nos ouvrages sont applaudis, c'est Shakespeare qu'on applaudira; si Shakespeare n'est pas compris, ce sera la faute de ses interprètes; d'autres plus habiles ou plus heureux viendront, et nous serons les premiers à servir et à proclamer leur triomphe. Mais, encore une fois, il y a urgence; le moment est décisif; tout peut être compromis et retardé par l'apparition du faux *romantisme*. Il faut espérer que la Comédie Française ouvrira enfin les yeux. Avec les chefs-d'œuvres de son magnifique répertoire, secourus des chefs-d'œuvres de Shakespeare, avec l'ensemble satisfaisant qu'elle peut encore donner à ses représentations, avec la sollicitude éclairée de M. Taylor, (si elle sait y reconnaître sa providence) la Comédie Française reprendrait bientôt cet éclat et cette popularité qui s'effacent et se perdent de jour en jour dans les pâleurs de l'imitation et dans les déviations de la routine.

Autrement, et si le Théâtre-Français persiste dans son inaction ou dans son activité mal-entendue, il n'est pas possible que l'autorité actuelle qui a si sagement détruit tant de monopoles, épargne long-temps encore le plus intolérable de tous, et reste sourde aux réclamations qui vont s'élever de toutes parts. Les arts libéraux, ainsi que l'indique assez leur nom, ne vivent que de liberté. La concurrence est la meilleure protection. Certes, si un théâtre nouveau pouvait s'ouvrir, sous la direction d'un entrepreneur intelligent, sans comité de lecture ni d'administration, sans cet encombrement d'ouvrages reçus depuis trente ans et vieillis avant de naître, avec des acteurs jeunes, disposés à jouer tous les rôles, en étudiant la pantomime expressive et la déclamation naturelle des grands acteurs anglais, les seuls qui, depuis Talma, nous aient fait éprouver des émotions tragiques; avec la ferme volonté de ne représenter en fait de pièces nouvelles que des pièces vraiment neuves, et d'un caractère homogène; certes, un pareil théâtre n'aurait pas besoin d'autres secours que son travail et sa bonne organisation, et il y aurait dans tout cela quelque chose de fort et de vital qui ne ressemblerait guères à la végétation expirante, à la fécondité caduque qui poussent et se perpétuent encore aux quinquets de nos coulisses.

Lorsque la grande épreuve de Shakespeare aura été faite, lorsque notre public connaîtra la plus belle poésie dramatique des temps modernes, comme il a appris celle des temps antiques dans les chefs-d'œuvres de notre scène, alors, toutes les questions étant éclairées, tous les trésors mis à découvert, tous les systèmes comparés et appréciés, un homme de génie viendra peut-être, qui combinera tous ces élémens, leur donnera une forme nouvelle, et plus heureux que nos grands maîtres des grands siècles, en fera jaillir la véritable tragédie française, un drame national, fondé sur notre histoire et sur nos mœurs, sans copier qui que ce soit, pas plus Shakespeare que Racine, pas plus Schiller que Corneille, comme le dit M. Victor Hugo dans son admirable préface de *Cromwell*, de ce *Cromwell*, œuvre poétique, toute virile, toute réfléchie, jusques dans ses parties les plus attaquées, et qui restera comme un objet d'envie et de colère pour les uns, d'étude et d'admiration pour les autres, et de discussions animées pour tous, quand l'oubli pèsera sur la plupart des succès d'aujourd'hui.

Il est temps de dire un mot du style, cette qualité sans laquelle les ouvrages sont comme s'ils n'étaient pas ; on se figure assez généralement parmi les gens du monde, qu'écrire sa langue avec correction et avoir du style, sont une seule et même chose. Non : l'absence des fautes ne constitue pas plus le style que l'absence des vices ne fait la vertu. C'est l'ordre des idées, la grâce ou la sublimité des expressions, l'originalité des tours, le mouvement et la couleur, l'individualité du langage, qui composent le style ; c'est après une peinture éloquente de toutes ces qualités, que Buffon a dit : le style est l'homme même. Ainsi, on n'a point de style pour écrire correctement des choses communes, et on peut avoir un style et un très-beau style tout en donnant prise à la critique par quelques endroits. Une autre erreur, à laquelle sont même sujets certains hommes de lettres, c'est de croire qu'il n'y a qu'une manière de bien écrire, qu'un vrai type de style. Comme Racine et Massillon, passent avec raison pour les écrivains les plus irréprochables, ces messieurs voudraient, par exemple, que Racine eût écrit les tragédies de Corneille, et Massillon les oraisons funèbres de Bossuet; si on les laissait dire, ils regretteraient de bonne foi que les fables de Lafontaine n'aient pas été *versifiées* par Colardeau, et les comédies de Molière par Gresset; parce que de cette manière la perfection du langage se trouverait, suivant eux, réunie à la supériorité des conceptions et des pensées. Comme si on pouvait séparer l'idée de l'expression dans un écrivain; comme si la manière de concevoir n'était pas étroitement unie à la manière de rendre; comme si le langage enfin n'était qu'une traduction de la pensée, faite à froid et après coup ! ces prétendues combinaisons ne produiraient que des choses monstrueuses ou insipides. On corrige quelques détails dans son style, on ne le change pas. Autant d'hommes de talens, autant de styles. C'est le son de voix, c'est la physionomie, c'est le regard. On peut préférer un style à un autre, mais on ne peut contester qu'il y ait cent façons d'écrire très-bien. Il n'y a au contraire qu'une manière de très-mal écrire littérairement; c'est d'écrire comme tout le monde; car, il ne faut point compter ceux qui ne savent pas écrire du tout.

Il en est de même de la versification. Beaucoup de personnes s'imaginent que hors de la facture de Racine, il n'y a point de salut. La versification de Racine est sans doute admirable, mais celle de Corneille, de Molière et de Lafontaine, est admirable aussi par des qualités toutes différentes. Ceux qui ne comprennent pas d'autre mélodie que celle des vers de Racine, ne sont pas capables même de sentir les beautés de ce grand poète. Ils font l'effet de ces *latinistes* qui sont tout déconcertés quand on les sort de l'*Hexamètre* de Virgile ou du *Pentamètre* d'Ovide. Des vers ne sont point durs pour n'être pas composés dans le système harmonique de Racine. L'harmonie de Mozart n'a rien de commun avec celle de Cimarosa. Parce qu'une partition semble obscure à des yeux peu exercés, elle n'en sera pas moins belle à l'oreille quand elle sera exécutée avec un sentiment juste. Certains beaux vers sont plus difficiles à réciter que certains autres, mais qu'une voix habile vous les lise, et vous serez surpris d'y trouver des grâces et des effets que vous chercheriez en vain dans des vers en apparence plus mélodieux. La période arrondie, les vers symétriquement cadencés, l'euphonie continuelle des sons, forment les principales qualités de la versification *Racinienne*, et cette manière a prévalu jusqu'à l'abbé Delille, qui l'a outrée au point de la rendre méconnaissable. Cet abbé, avec tout son esprit et tout son talent, a singulièrement appauvri la langue poétique, en croyant l'enrichir, parce qu'il nous donne toujours la périphrase à la place du mot propre. Il a changé nos louis d'or en gros sols, voilà tout. Et puis quel misérable progrès de de versification, qu'un logogriphe en huit alexandrins dont le mot est *carotte* ou *chien-dent*.... Ce qu'il y a de plus triste c'est que beaucoup de nos auteurs ont transporté ce faux langage dans la tragédie. Ils dépensent tout ce qu'ils ont de poésie dans leur mémoire pour faire raconter un *détail vulgaire*, par un personnage subalterne, et lorsqu'arrivent les scènes de passion, ils n'ont plus que des lieux-communs à nous débiter dans un style éteint, comme cet avocat des *Plaideurs*,

Qui dit fort longuement ce dont on n'a que faire,

et qui glisse sans qu'on s'en aperçoive sur le point essentiel.

Voilà pourtant, de dégradation en dégradation où est tombée l'école de Racine. Certes, elle est tombée de bien haut : ne nous étonnons pas si elle en meurt.

André Chénier a rompu ce joug usé. Il a reproduit avec génie la manière franche, l'expression mâle du grand poète Régnier; et remontant aux premiers âges de notre poésie, il a rendu à nos vers l'indépendance de la césure et de l'enjambement, et ces formes elliptiques, et cette allure jeune et vive, dont ils n'avaient presque plus de traces. C'est le mode de versification que suit l'école actuelle qui a repris aussi à nos anciens poètes cette richesse élégante de rimes, trop négligée dans le dernier siècle; car la rime est le trait caractéristique de notre poésie, il faut qu'elle soit une parure, pour n'avoir pas l'air d'une chaîne, et des vers rimés à-peu-près, sont comme des vers qui auraient presque la mesure. Cette sorte de vers a le grand avantage d'avoir été beaucoup moins employée, et surtout d'offrir beaucoup plus de ressources et de variété; le récit poétique ne nous paraît même possible que de cette manière. Les repos réguliers et les formes carrées des autres vers sont insupportables dans un poème de longue haleine; l'admiration devient bientôt de la fatigue. Les personnes peu familiarisées avec la versification d'André Chénier et de nos jeunes poëtes, se perdent dans les déplacemens de césure et dans les enjambemens, et crient à la barbarie et à la prose; ce sont elles qui sont prosaïques et barbares.

Barbarus hic ego sunt quia non intelligor illis.

Comment ne sent-on pas que le rhythme continue sous ce désordre apparent et qu'il n'y manque rien que la monotonie! D'ailleurs, un mode n'exclut pas l'autre; c'est tout bénéfice. L'art est de les combiner et de les faire jouer dans des proportions et à des distances justes et harmoniques. Lorsqu'après une page de narration écrite en vers si faussement nommés prosaïques, se trouve une suite de beaux vers d'inspiration, pleins et cadencés, comme ceux de l'ancienne école; ils se détachent avec bien plus de grâce et de noblesse, et l'effet en est bien plus puissant. C'est un chant suave et pur qui sort d'un récitatif bruyant et agité. Que peut dire un poëte, quand il s'entend reprocher des contrastes comme des dissonances, et des choses étudiées comme des négligences ou des distractions? Rien; à moins qu'il ne dise avec Voltaire:

« Qui n'aime pas les vers a l'esprit sec et lourd,
» Je ne veux pas chanter aux oreilles d'un sourd. »

C'est une bien grande erreur aussi de croire que tels versificateurs font mieux les vers que tels poètes. Le talent suit toujours le génie. Sans doute, avec du travail et une organisation assez heureuse, on parvient dans les vers, comme dans tous les arts, à une certaine élégance vulgaire, à une froide correction, à une mélodie molle, que n'ont pas quelquefois au même dégré les hommes d'un vrai génie. Mais les tours variés, les coupes hardies et pittoresques, les grands secrets de l'harmonie et de la *facture*, sont interdits au versificateur. Il ne choque point, parce que ses défauts sont communs, ainsi que ses qualités; c'est là le secret de ses petits triomphes de société. Il rappelle, en reflets effacés, dans ses hémistiches tout faits, dans ses images parasites, dans sa banale phraséologie, ce qu'on a justement admiré dans les chefs-d'œuvre de nos grands maîtres, et il y a des gens lettrés qui lui savent gré de cela. Le poète au contraire arrive avec ses beautés et ses fautes à lui, et tout le monde s'effarouche; mais depuis quand la perfection est-elle dans les créations humaines? Croit-on que Virgile même et Racine soient parfaits?... Il y a quelquefois dans leurs ouvrages, défaut de force, défaut d'invention, défaut d'originalité, comme les défauts de Shakespeare et de Dante sont le mauvais goût, l'inconvenance et l'irrégularité. Chez les uns les défauts sont négatifs, et pour ainsi dire d'omission; chez les autres ils sont positifs et en relief : voilà tout. Ces quatre hommes n'en sont pas moins quatre poètes divins. La critique devrait donc apprendre à se montrer un peu indulgente pour certains défauts, et très-difficile sur la nature des beautés. C'est le *commun* seul qui, dans notre siècle, tue les arts et les lettres, soit qu'il garde la forme *classique*, soit qu'il affecte la forme *romantique;* c'est contre le *commun*, que toutes les colères de la saine critique doivent être dirigées. Pour nous, intimement convaincus de cet axiôme de Boileau :

« Il n'est pas de degré du médiocre au pire, »

si nous avons des voiles pour quelques défauts, du moins n'aurons-nous jamais de couronnes pour la médiocrité.

Nous nous sommes expliqué franchement sur toutes les questions; nous avons proclamé nos admirations avec une grande probité littéraire, sans aucune influence d'amitié ou d'opinion;

pourquoi ne pas apporter en littérature cette indépendance de principes, cette conscience passionnée qui seule réussit maintenant en politique? Nous pouvons nous tromper, mais du moins nous ne voulons tromper personne.

Nous manifestons notre sentiment sur l'état actuel de la littérature et de la poésie en France, parce qu'il nous semble que la plus faible voix peut lancer quelques paroles utiles; du reste, nous ne parlons que d'après notre profonde conviction, sans nous occuper du plus ou moins de succès des ouvrages que nous estimons, sans chercher à flatter l'opinion de la foule ni même à nous mettre en opposition avec elle. Ainsi, nous dirons avec peu de personnes que la *Panhypocrisiade* de M. Lemercier est un poème non-seulement très-intéressant et très-philosophique, mais encore plein de beautés de style; nous dirons avec beaucoup plus de monde, que l'Académie française a oublié M. Chennedollé, mais que les beaux et grands vers du *Génie de l'homme* sont restés dans la mémoire des gens de goût; enfin, nous dirons avec tout Paris, qu'on ne fait pas des vers plus colorés, ni plus fortement trempés que ceux de MM. Méry et Barthélemy. Il nous est impossible encore de ne pas dire que la plupart de nos prétendus *classiques* ne connaissent ni l'*antique*, ni le *moderne*; qu'ils n'aiment ni la Bible, ni Homère, ni Eschyle, ni Horace, ni Shakespeare, ni le Dante, etc., etc., qu'ils ne se délectent pas beaucoup avec Corneille, et pas du tout avec André Chénier; toutes choses fort désagréables pour les deux ou trois hommes de génie qu'ils ont adoptés, probablement à cause de ce qu'ils ont de moins bon.

Il faut pourtant dire aussi un mot de ce recueil. On y trouvera la traduction de la *Cloche*, de Schiller, et de la *Fiancée de Corinthe*, de Gœthe, deux poèmes que Mme de Staël ne croyait point qu'on pût faire passer dans le vers français ; j'ai bien peur qu'on ne croie Mme de Staël sur sa parole et plus encore sur les miennes. Pour très-bien rendre l'*allemand* ou l'*anglais* en *français*, il faut une grande flexibilité de talent et beaucoup d'imagination de style. Tout le monde n'y réussit pas comme M. de Boisjolin, par exemple, dans sa traduction de la *Forêt de Windsor* de Pope, traduction faite de verve, noble chant de poète, suivi d'un trop implacable silence. Mon œuvre la plus importante est un poème sur *Rodrigue dernier roi des Goths*. J'avais voulu d'abord le publier séparément. Une juste défiance de mes forces m'a retenu. Ce poème est tiré de ces admirables *romances espagnoles*, qu'on a si bien nommées une Iliade sans Homère. J'en ai traduit quelques-unes, j'en ai inventé quelques autres, en m'inspirant de toutes les chroniques du temps, et en me servant surtout de l'excellent travail de M. Abel Hugo sur la poésie espagnole. J'ai conservé la forme lyrique des romances, en ayant soin de varier continuellement les rhythmes comme les tons; et j'ai tâché de coordonner tous ces matériaux de manière à présenter un intérêt suivi, une espèce d'action dramatique ayant son exposition, son nœud et sa catastrophe. Viennent ensuite des ballades de mon invention et des poésies de tout genre et de toute dimension, depuis l'ode jusqu'au rondeau, depuis l'élégie jusqu'au sonnet; c'est pourquoi j'ai appelé le tout : *Etudes françaises et étrangères*.

Si j'ai intercalé dans ce recueil de poésies toutes modernes, quelques extraits d'une traduction inédite des Odes d'Horace, malgré l'espèce de bigarrure qui en résulte; c'est que M. Jules de Rességuier me l'a demandé dans une des plus charmantes pièces de ses *Tableaux poétiques*, LA BAYADÈRE, composition pleine d'harmonie, de couleur et de nouveauté : on concevra qu'il m'était plus aisé de lui obéir que de lui répondre.

ÉTUDES FRANÇAISES

ET

ÉTRANGÈRES.

LA CLOCHE.

POÈME

TRADUIT DE SCHILLER.

Schiller composa ce poème à l'époque des premières campagnes des Français en Allemagne. C'est pourquoi, dans une des strophes, il parle des étrangers en armes qui ont troublé sa vallée tranquille : c'est pourquoi le dernier vers de son poème est un vœu pour la paix.

LA CLOCHE.

Vivos voco, mortuos plango, fulgura frango.

Compagnons, dans le sol s'est affermi le moule ;
La Cloche enfin va naître aux regards de la foule :
C'est aujourd'hui, le jour appelé par nos vœux !
Qu'une ardente sueur couvre vos bras nerveux ;

4

L'honneur couronnera la peine et le courage
Des joyeux ouvriers, si Dieu bénit l'ouvrage !

Il faut associer, comme un puissant secours,
Au travail sérieux de sérieux discours ;
Le dur travail, rebelle à des esprits frivoles,
S'accomplit, sans efforts, sous d'heureuses paroles.
Méditons entre nous sur les futurs bienfaits
D'une cause vulgaire admirables effets.
Honte à qui ne sait pas réfléchir pour connaître !
Par la réflexion l'homme annoblit son être,
S'exalte, et la raison fut donnée aux humains,
Pour sentir dans leur cœur les œuvres de leurs mains.

Choisissons les tiges séchées
Des pins tombés sous les hivers,
Pour qu'au sein des tubes ouverts
Les flammes volent épanchées ;
Dompté par les feux dévorans
Que le cuivre à l'étain s'allie,

Afin que la masse amollie
Roule en plus rapides torrens.

Ce pieux monument que vont, avec mystère,
Édifier nos mains dans le sein de la terre,
Il parlera de nous, des sommets de la tour :
Vainqueur, il franchira les temps, et tour à tour,
Comptera des humains les races disparues ;
On verra dans le temple, à sa voix accourues,
Des familles sans nombre humilier leur front ;
Aux pleurs de l'affligé ses plaintes s'uniront ;
Et ce que les destins, loin de l'âge où nous sommes,
Dans leur cours inégal apporteront aux hommes,
S'en ira retentir contre ses flancs mouvans
Qui le propageront sur les ailes des vents.

Je vois frémir la masse entière,
L'air s'enfle en bulles ; cependant
Des sels de l'alkali mordant,
Laissez se nourrir la matière.

Il faut que du bouillant canal
L'impure écume s'évapore,
Afin que la voix du métal
Retentisse pleine et sonore.

La Cloche annonce au jour, avec des chants joyeux,
L'enfant dont le sommeil enveloppe les yeux.
Qu'il repose!... Pour lui, tristes ou fortunées,
Dans l'avenir aussi dorment les destinées.
Mais sa mère, épiant un sourire adoré,
Veille amoureusement sur son matin doré.
Hélas! le temps s'envole et les ans se succèdent..
Déjà l'adolescent, que mille vœux possèdent,
Tressaille, et de ses sœurs quittant les chastes jeux,
S'élance, impatient, vers un monde orageux.
Pélerin engagé dans ses trompeuses voies,
Qu'il a connu bientôt le néant de ses joies!
Il revient, étranger, au hameau paternel,
Et devant ses regards, comme un ange du ciel,
Apparaît, dans la fleur de sa grâce innocente,
Les yeux demi-baissés, la vierge rougissante.

Alors un trouble ardent, qu'il ne s'explique pas,
S'empare du jeune homme. Il égare ses pas,
Cherche les bois déserts et les lointains rivages,
Et, de ses compagnons fuyant les rangs sauvages,
Aux traces de la vierge il s'attache, et rêveur,
Adore d'un salut la douteuse faveur.
Des aveux qu'il médite il s'enivre lui-même;
Aux nuages, aux vents, il dit cent fois qu'il aime;
Sa main aux prés fleuris demande chaque jour
Ce qu'ils ont de plus beau, pour parer son amour;
Son cœur s'ouvre au désir, et ses rêves complices
Du ciel anticipé connaissent les délices.
Hélas! dans sa fraîcheur que n'est-elle toujours,
Cette jeune saison des premières amours!!

Comme les tubes se brunissent!
Qu'un rameau, dans la masse admis,
Plonge... Quand ses bords se vernissent,
On peut fondre. Courage, amis!
Tentons cette épreuve infaillible,
Par qui doit être révélé

Si le métal dur au flexible
S'est heureusement accouplé.

Car, où l'on voit la force à la douceur unie,
De ce constraste heureux naît la pure harmonie.
C'est ainsi qu'enchaîné par un attrait vainqueur,
Le cœur éprouvera s'il a trouvé le cœur.
L'illusion est courte, et sa perte est suivie
D'un amer repentir aussi long que la vie.
Voici, des fleurs au sein, des fleurs dans ses cheveux,
La vierge, pâle encor de ses premiers aveux ;
Sur son front couronné, sur sa pudique joue,
Le voile de l'épouse avec amour se joue,
Quand la Cloche sonore, en longs balancemens,
A l'éclat de la fête invite les amans :
La fête la plus belle et la plus fortunée,
Hélas! est du printemps la dernière journée ;
Car avec la ceinture et le voile, en un jour,
La belle illusion se déchire ; et l'amour
Menace d'expirer quand sa flamme est plus vive.
A l'amour fugitif que l'amitié survive,

Qu'à la fleur qui n'est plus succède un fruit plus doux.

Déjà, la vie hostile appelle au loin l'époux ;

Il faut qu'il veille, agisse, ose, entreprenne, achève,

Pour atteindre au bonheur, insaisissable rêve.

D'abord il marche, aidé de la faveur des cieux :

L'abondance envahit ses greniers spacieux ;

A ses nombreux arpens d'autres arpens encore

S'ajoutent ; sa maison s'étend et se décore ;

La mère de famille y règne sagement ;

Du groupe des garçons gourmande l'enjouement ;

Instruit la jeune fille, aux mains laborieuses ;

Vouée aux soins prudens des heures sérieuses,

Des rameaux du verger elle détache et rend

Tout le linge de neige à son coffre odorant ;

Y joint la pomme d'or que janvier verra mûre ;

Tourne le fil autour du rouet qui murmure,

Partage aux travailleurs la laine des troupeaux,

Les surveille et comme eux ignore le repos.

Du haut de sa demeure, au jour naissant, le père

Contemple, en souriant, sa fortune prospère,

Ses murs dont l'épaisseur affronte les saisons

Et ses greniers comblés des dernières moissons,

Tandis que du printemps les haleines fécondes

De ses jeunes épis bercent déjà les ondes.

D'une bouche orgueilleuse il se vante : « Aussi forts

Que ces rocs où du temps s'épuisent les efforts,

Pèsent les bâtimens que mon or édifie ;

Vienne l'adversité, leur splendeur la défie ! »

— Malheureux ! qui peut faire un pacte avec le sort !

Le ciel rit, un point noir paraît, la foudre en sort.

    Bien. Le rameau fait son épreuve.

    Commençons la fonte... Un moment !

    Avant de déchaîner le fleuve,

    Avez-vous prié saintement ?

    A présent, allons ! qu'on se range ;

    Ouvrez les canaux. — (Ah ! que Dieu

    Nous aide !) — Voyez le mélange

    Accourir en vagues de feu.

Il est de l'univers la plus pure merveille

  Le feu, quand l'homme, en paix, le dompte et le surveille.

Et c'est par son secours que l'homme est souverain.

Mais qu'il devient fatal lorsque seule et sans frein,

Sa force enveloppant les vieux pins, les grands chênes,

Vole comme un esclave affranchi de ses chaînes.

Malheur, losque la flamme, au gré des Aquilons,

A travers les cités roule ses tourbillons !

Car, tous les élémens ont une antique haine

Pour les créations de la puissance humaine.

Entendez-vous des tours bourdonner le beffroi ?

A la rougeur du ciel, le peuple avec effroi

S'interroge ; — au milieu des noirs flots de fumée,

S'élève, en tournoyant, la colonne enflammée.

L'incendie, étendant sa rapide vigueur,

Du front des bâtimens sillonne la longueur ;

L'air s'embrase, pareil aux gueules des fournaises ;

La lourde poutre craque et se dissout en braises ;

Les portes, les balcons s'écroulent.... Plus d'abris ;

Les enfans sont en pleurs sur les seuils en débris.

Les mères, le sein nud, comme de pâles ombres,

Courent ; les animaux hurlent sous les décombres ;

Tout meurt, tombe ou s'enfuit par de brûlans chemins.

Le sceau vole, emporté par la chaîne des mains ;

Ce fils, qui va tenter l'effrayante escalade,
Sauvera-t-il du moins son vieux père malade?...
L'orage impétueux accouru de l'Occident,
La flamme s'en irrite et l'accueille, en grondant.
Sur la moisson séchée elle tombe et serpente,
Se redresse, et des toits soulève la charpente,
Comme un affreux géant qui veut toucher les cieux.
L'homme, sous les destins fléchit, silencieux.
Ses œuvres ont péri. Partout la flamme est reine.
Les murs brûlés, debout restent seuls, sombre arène,
Où des froids ouragans s'engouffre la fureur ;
La nue, en voyageant, y regarde, et l'horreur
Dans leurs concavités, profondément séjourne.
Une dernière fois, l'homme, en priant, se tourne
Vers sa fortune éteinte, et bientôt plus serein,
Prend avec le bâton les vœux du pèlerin.
Tout ce qui fut son bien n'est plus qu'un peu de cendre,
Mais un rayon de joie en son deuil vient descendre.
Voyez : il a compté les têtes qu'il chérit,
Pas une ne lui manque, et triste, il leur sourit.

Le métal que la terre enferme
A comblé le moule ; Ah ! du moins ,
L'œuvre arrivé pur à son terme
Paîra-t-il notre art et nos soins ?
Mais si l'enveloppe fragile
Rompait sous le bronze enflammé !...
Peut-être, dans la sombre argile
Le mal est déjà consommé !

Nous confions au sein de la terre profonde
L'ouvrage de nos mains ; dans son ombre féconde ,
Le prudent laboureur laisse tomber encor
L'humble grain, en espoir riche et flottant trésor
Vêtus de deuil , hélas ! nous venons à la terre ,
D'un germe plus sacré déposer le mystère ,
Pleins de l'espoir qu'un jour , du cercueil redouté
Ce dépôt fleurira pour l'immortalité. —
Des hauts sommets du dôme , aux épaisses ténèbres ,
La Cloche a du tombeau tinté les chants funèbres.
Ecoutez ! Ses concerts, d'un accent inhumain,
Suivent un voyageur sur son dernier chemin.

C'est la mère chérie, hélas ! la tendre épouse
Que vient du roi des morts l'avidité jalouse,
Séparer des enfans, de l'époux expirant :
L'époux les reçut d'elle, et tous, l'un déjà grand,
L'autre dans ses bras, l'autre encore à sa mamelle,
Ils souriaient... Alors, rien n'était beau comme elle !
C'en est fait. Elle dort sous le triste gazon,
Celle qui fut long-temps l'âme de la maison.
Déjà manquent tes soins, ô douce ménagère !
Et demain, sans amour, va régner l'étrangère...

Laissons froidir la Cloche; et vous,
Comme l'oiseau sous la feuillée,
Libres et joyeux, courez tous;
Voici l'heure de la veillée !
Le compagnon vole au plaisir,
Dans les cieux, en paix, il voit naître
Et briller les astres; le maître
Doit se tourmenter sans loisir.

Sous la forêt, où glisse une pâle lumière,

O voyageur, hâtez vos pas vers la chaumière;

L'Angelus des hameaux retentit dans les airs.

Le filet alongé pend sur les flots déserts.

L'agneau, devant les chiens, vers le bercail se sauve,

Le troupeau des grands bœufs, au front large, au poil fauve,

S'arrache, en mugissant, aux délices des prés,

Il s'avance, couvert de festons diaprés

Le lourd char des moissons, criant sous l'abondance,

Et les gais moissonneurs s'échappent vers la danse.

Cependant tous les bruits meurent dans la cité;

Près de l'ardent foyer, par l'ayeul excité,

S'arrondit la famille, et quelque vieille histoire

Enchante, en l'effrayant, l'immobile auditoire.

La porte des remparts se ferme pesamment.

Sous son aile, l'oiseau courbe son front dormant.

La nuit, qui des méchans éveille le cortége,

Du citoyen que l'ordre et que la loi protège,

N'épouvante jamais le sommeil innocent.

Ordre sacré, tes nœuds, joug aimable et puissant,

Resserrent les anneaux de l'égalité sainte;

Tu traças des cités et tu défends l'enceinte,

Ta noble voix, du fond de ses antres lointains,
Appela le sauvage à de meilleurs destins;
Sous le toit des mortels, dans leur premier ménage,
Tu pénétras, timide; et plus fort, d'âge en âge,
Soumis au frein des mœurs leurs rebelles penchans.
C'est toi qui présidas aux limites des champs,
Toi, qui créas enfin cette autre idolâtrie,
Le plus saint des amours, l'amour de la patrie !
A son nom, mille bras, d'un mutuel secours
S'animent; au milieu de cet heureux concours,
Sur tous les points rivaux les forces dispersées,
Tendent au bien commun, librement exercées;
Chacun, heureux et fier du poste qu'il a pris,
Des grands, au cœur oisif, brave les vains mépris.
Le plus noble ornement du citoyen qui pense,
C'est le travail ; son œuvre en est la récompense.
Si les rois, de splendeur marchent environnés,
De nos créations nous brillons couronnés ;
Ils sont, par le hasard ; et nous, par le génie.
Paix gracieuse, douce et divine harmonie,
Que nos bras fraternels enchainent vos attraits !
Qu'il ne se lève plus le jour, où j'entendrais

Des hordes d'étrangers, turbulente mêlée,
Parcourir, en vainqueurs, ma tranquille vallée ;
Où l'horison du soir, rouge de pourpre et d'or,
Des chaumes embrasés resplendirait encor !

Maintenant, brisez l'édifice ;
Pour que notre œil soit recréé,
Que notre cœur se réjouisse
De l'œuvre, par nos mains créé.
Que le marteau pesant résonne,
Jusqu'au moment où, des débris
De l'enceinte qui l'emprisonne
Naîtra la Cloche, au jour surpris.

C'est le maître prudent qui doit rompre le moule ;
Mais, lorsqu'en flots brulans, l'airain s'échappe et roule,
Quand sa puissance même a rejetté ses fers,
Il mugit, et semblable aux laves des enfers,
Ce sa captivité court punir ses rivages.
Tel, le flot populaire étend ses longs ravages.

Ah ! malheur, lorsqu'au sein des états menacés,
Des germes factieux fermentent amassés,
Et que le peuple enfin, las de sa longue enfance,
S'empare horriblement de sa propre défense !
Aux cordes de la cloche, alors, en rugissant,
Se suspend la révolte, aux bras ivres de sang.
L'airain qu'au Dieu de paix la piété consacre
Sonne un affreux signal de guerre et de massacre ;
Un cri de toutes parts s'élève : Egalité !
Liberté !..... chacun s'arme ou fuit épouvanté.
La ville se remplit ; hurlant des chants infâmes,
Des troupes d'assassins la parcourent ; les femmes
Avec les dents du tigre insultent, sans pitié,
Le cœur de l'ennemi déjà mort à moitié,
Et du rire d'un monstre avec l'horreur se jouent.
De l'austère pudeur les liens se dénouent ;
L'homme de bien fait place à la rébellion.
Certe, il est dangereux d'éveiller le lion,
La serre du vautour est sanglante et terrible ;
Mais l'homme, en son délire, est cent fois plus horrible.
Oh ! ne prodiguons point, par un jeu criminel,
Les célestes clartés à l'Aveugle éternel ;

Leur flambeau l'aide au mal, et d'une main hardie
Au lieu de la lumière, il répand l'incendie !

  Dieu ne veut plus nous éprouver !
  Voyez, du sol qui l'environne,
  Lisse et brillante, la couronne
  En étoile d'or s'élever ;
  Déjà le ceintre métallique,
  En mille reflets joue à l'œil ;
  Déjà l'écusson simbolique
  Du sculpteur satisfait l'orgueil.

Que le chœur de la danse, à pas joyeux s'approche ;
Venez tous, et donnons le baptême à la cloche....
Cherchons-lui quelque nom propice et gracieux.
Qu'elle veille sur nous en s'approchant des cieux.
Balancée au-dessus de la verte campagne
Que sa bruyante joie, ou sa plainte accompagne
Les scènes de la vie en leurs jeux inconstans.
Qu'elle soit dans les airs, comme une voix du temps !

Que le temps mesuré dans sa haute demeure,

De son aile, en fuyant, la touche, heure par heure.

Aux voluptés du crime apportant le remord,

Qu'elle enseigne aux humains qu'ils sont nés pour la mort,

Et que tout ici-bas s'évanouit et passe,

Comme sa voix qui roule et s'éteint dans l'espace !

Que les cables nerveux, de son lit souterrain

Arrachent lentement la Cloche, aux flancs d'airain.

Oh ! qu'elle monte en reine à la voûte immortelle !

Elle monte, elle plane, amis, et puisse-t-elle,

Dissipant dans nos cieux les nuages épais,

De son premier accent nous annoncer la Paix !

LE ROI DE THULÉ,

BALLADE

TRADUITE DE GOETHE.

Cette ballade, qui se trouve dans le drame de *Faust*, est pleine de caractère et de naïveté dans la langue allemande. C'est un petit chef-d'œuvre de style.

J'ai du moins tenté de donner une idée de ses formes en la traduisant, pour ainsi dire, vers par vers.

LE ROI DE THULÉ.

Il fut à Thulé, dit l'histoire,

Un roi tendre et fidèle encor.

Sa maîtresse, en mourant, pour boire,

Lui fit don d'une coupe d'or.

Rien n'avait pour lui tant de charmes ;
Soir et matin il s'en servait.
Ses yeux se remplissaient de larmes,
A chaque fois qu'il y buvait.

Et, quand l'écuyer sombre, en croupe,
Vint le prendre.... à son héritier,
Il laissa son royaume entier,
Mais non, certes, sa belle coupe.

Il siégeait au royal gala,
Dans la grande salle gothique,
Dans son château sur la Baltique ;
Tous ses chevaliers étaient là.

La mort au cœur, le vieux convive
Réchauffa sa force en buvant ;
Et sur la mer, loin de la rive,
Jeta sa chère coupe au vent.

Il la vit tomber, s'emplir toute,

Et s'engloutir en moins de rien ;

Puis, fermant les yeux, dit : C'est bien !

Et plus onc ne but une goutte.

LA
FIANCÉE DE CORYNTHE.

POÈME

TRADUIT DE GOETHE.

L'action de ce poëme se passe au moment où le christianisme commençait à s'établir.

Ainsi que dans le roi de Thulé, j'ai traduit l'*allemand* strophe pour strophe.

LA FIANCÉE DE CORYNTHE.

Un jeune homme d'Athène à Corynthe est venu.
C'est la première fois. Cependant il espère,
Chez un noble habitant, vieux hôte de son père,
Entrer comme un ami trop long-temps inconnu.

Les deux pères, rêvant une seule famille,
Fiancèrent jadis et leur fils et leur fille.

Mais ne paîra-t-il pas bien cher cette faveur?
Doit-il même prétendre à des faveurs si hautes?
Il est encor payen, comme en Grèce; et ses hôtes,
Des premiers baptisés ont toute la ferveur.
Où germe un nouveau culte, hélas! l'amour s'effraie,
Et souvent meurt, détruit comme la folle ivraie.

Déjà, dans la maison, tout reposait sans bruit,
Le père et les enfans. La mère seule encore
Veillait; elle reçoit le jeune homme, et l'honore
De la plus belle chambre, où, rêveur, il la suit.
Des mets lui sont servis avec le vin qui mousse;
Puis, elle lui souhaite une nuit longue et douce.

Mais les gâteaux dorés, le vin frais et vermeil,
N'éveillent point ses sens que la fatigue enchaine,

Encor tout habillé, sur la couche prochaine
Il se jette, et bientôt s'abandonne au sommeil ;
Lorsqu'en criant, voilà que la porte pesante
S'ouvre, et qu'un hôte étrange à ses yeux se présente !

Aux lueurs de la lampe, une pâle beauté
S'avance ; un bandeau noir où l'or brille en étoile,
Règne autour de son front; l'albâtre d'un long voile
De sa tête à ses pieds tombe de tout côté ;
Et, comme elle aperçoit l'étranger qui se penche
Hors du lit... elle étend et lève sa main blanche :

— « Suis-je dans la maison étrangère à ce point,
» (Au fond de ma cellule, aux ennuis réservée,)
» Que d'un hôte nouveau j'ignore l'arrivée?
» La honte me surprend ici. Ne bouge point ;
» Que ton calme sommeil sans trouble continue,
» Moi, je sors promptement, comme je suis venue. »

— « Demeure, belle fille, » et d'un pied triomphant
Le jeune homme a poussé la couche qu'il déserte ;
« Vois, Bacchus nous sourit ; Cérès nous est offerte ;
» Toi, tu conduis l'Amour avec toi, chère enfant.
» Es-tu pâle de peur ?... Viens voir, de nos délices,
» Viens éprouver combien tous ces dieux sont complices ! »

— « Jeune homme, reste loin ; eh ? qu'oses-tu m'offrir ?
» Va, je n'appartiens plus à l'amour, à la joie ;
» Le dernier pas est fait dans la pénible voie,
» Par le vœu d'une mère, hélas ! qui, pour guérir,
» Crut devoir à son Dieu, me donnant en pâture,
» Enchaîner la jeunesse et tromper la nature.

» Le culte de nos dieux n'est plus ce que tu crois ;
» Leur troupe a fui, brillante ; et dans ces murs funèbres,
» On n'adore qu'un être entouré de ténèbres,
» Et qu'un Dieu misérable, expirant sur la croix ;
» On épargne et taureaux et brebis, mais l'on mène
» A l'autel, tous les jours, quelque victime humaine. »

Il pèse de ces mots le sens mystérieux,

Puis, interroge encore, et rêve : — « Est-il possible ?

» Eh quoi ! dans cette chambre, à cette heure paisible,

» Ma douce fiancée est là, devant mes yeux !

» Vierge, c'est toi, c'est moi !... Le serment de nos pères

» Nous rend l'hymen facile et les destins prospères. »

— « O bon ange, jamais tu ne m'approcheras !

» A ma seconde sœur, au cœur simple et crédule,

» On te marie, et moi, dans ma froide cellule

» Je dois languir... Ami, pense à moi dans ses bras ;

» Moi, qui pense à toi seul, moi qui t'aime et qui pleure...

» Et que la terre, hélas ! cachera tout-à-l'heure. »

— « Par ce flambeau propice aux chastes entretiens,

» Pour le bonheur, pour moi, non, tu n'es pas perdue !

» Dans ma maison d'Athène, ô déesse attendue !

» Viens enchanter mes jours en y mêlant les tiens ;

» Viens ici, chère enfant, par les dieux amenée,

» Célébrer sans témoin le festin d'hyménée. »

34

Ils échangent déjà les gages de leur foi :
Elle offre à son époux la chaine d'or fidèle ;
D'une coupe d'argent, rare et parfait modèle,
Lui veut la doter... — « Non ! elle n'est pas pour moi,
» Dit-elle ; seulement, en signe de mémoire,
» Donne de tes cheveux, donne une boucle noire. »

Et l'heure des esprits vint à sonner ; alors
Elle fut plus à l'aise ; avidement dans l'ombre,
Avec sa lèvre pâle, elle but un vin sombre,
De la couleur du sang... qui traversa son corps.
Mais vite, elle écarta de sa vue inquiète
Le pain de pur froment, sans en prendre une miette.

Des lèvres du jeune homme elle approche à son tour
La coupe, qu'il épuise avidement comme elle ;
Mais au repas du soir bientôt l'amour se mêle,
(Car le cœur du jeune homme était souffrant d'amour)
Et, comme elle résiste, indocile et farouche,
Lui, pleurant et priant, retomba sur la couche.

Elle y vint près de lui. — « Mon Dieu, que j'ai regret,

» Dit-elle, d'attrister ainsi tes fiançailles,

» Mais, hélas ! touche un peu mes membres... Tu tressailles !

» Tu connais maintenant mon funeste secret :

» Blanche comme la neige et comme elle glacée,

» Beau jeune homme, voilà quelle est ta fiancée ! »

Il l'enlève et la serre entre ses bras nerveux,

Avec toute l'ardeur de la mâle jeunesse :

« Il faut, sous mes baisers, que ta chaleur renaisse,

» Fusses-tu de la tombe envoyée à mes feux !

» Brûlez, torrens d'amour ! douce et cuisante extase !...

» Tiens, tiens, ne sens-tu pas tout mon corps qui s'embrase. »

De douleurs en plaisirs, de plaisirs en douleurs,

L'un par l'autre, tous deux semblent mourir et vivre :

Du nectar des baisers, muette, elle s'enivre ;

Son désespoir sourit et sa joie a des pleurs.

Mais parmi ces transports, cette ivresse chagrine,

On ne sent point de cœur battre dans sa poitrine.

La mère, cependant, qu'attire un bruit confus,

Retourne sur ses pas ; elle écoute avec crainte,

Elle écoute long-temps un murmure de plainte,

De rires effrénés et de vagues refus,

Et ces mots inconnus, et ces accens étranges,

Ces cris, que l'homme emprunte aux voluptés des anges !

Immobile, à travers la porte au bois épais,

Elle distingue enfin mille expressions folles,

Et les plus grands sermens du monde, et des paroles

D'amour, de flatterie et de tristesse. — « Paix !

» Le coq s'éveille, adieu ; mais, demain au soir, tâche ;

» Reviens!... » Et les baisers succèdent sans relâche.

La mère, en ce moment, sans craindre aucun danger,

Ouvre avec violence et referme la porte :

« Est-il dans la maison des femmes de la sorte,

» Qui se rendent si vite aux vœux d'un étranger ! »

Elle parlait ainsi ; la rage en ses yeux brille ;

Elle approche, elle voit..., grand Dieu ! sa propre fille !

Le jeune homme d'abord, de frayeur agité,
Sous les voiles épars qu'il rassemble et tourmente,
Et sous l'ample tapis veut cacher son amante ;
Mais elle, hors du lit, fantôme révolté,
Avec force s'échappe, et se dévoilant toute,
Long-temps et lentement grandit jusqu'à la voûte :

— « O ma mère, ma mère, où pénètrent vos pas ?
» Pourquoi me disputer ma belle nuit des noces ?
» Enfant, j'ai du malheur goûté les fruits précoces ;
» Ma tendre mère, eh quoi ! ne vous suffit-il pas
» De m'avoir, sous les plis de ce pâle suaire,
» Etendue avant l'heure en mon lit mortuaire !

» Mais un arrêt fatal, de ma sombre prison
» Me tire, spectre ardent, jeté parmi les êtres ;
» Vos prières, les chants murmurés par vos prêtres,
» N'ont tous aucun pouvoir, hors de cette maison.
» Malgré le sel et l'eau, le cœur ne peut se taire ;
» Ah ! l'amour ne s'est point réfroidi sous la terre !

» Ce jeune homme est à moi. Libre, on me le promit,
» Quand l'autel de Vénus brûlait près du Permesse ;
» Ma mère, deviez-vous trahir votre promesse,
» Pour je ne sais quel vœu dont la raison frémit.
» Aucun Dieu n'a reçu les sermens d'une mère
» Qui refusait l'hymen à sa fille. — Chimère !

» Fanatisme insensé !....Je m'enfuis des tombeaux
» Pour goûter les plaisirs qu'on m'a ravis, et comme
» Pour éteindre ma soif dans le sang d'un jeune homme.
» Si ce n'est lui, malheur ! d'autres sont grands et beaux
» Et partout la jeunesse épuisée et livide
» Succomberait bientôt à mon délire avide.

» Jeune Grec, tu ne peux vivre long-temps encor.
» Tu vas languir ici : Je t'ai donné ma chaine ;
» Et j'emporte avec moi dans ma prison de chêne
» Ta boucle de cheveux, tardif et vain trésor !
» Regarde-là. — Demain tu blanchiras, et même
» Tu ne reparaîtras brun que là-bas... Il m'aime !

» Il pâlit !... Entendez au moins mon dernier vœu,

» Ma mère : ouvrez le seuil de ma demeure étroite,

» Elevez le bûcher que mon ombre convoite;

» Placez-y les amans... Quand brillera le feu,

» Quand les cendres seront brûlantes, il me semble

» Que vers nos anciens Dieux nous volerons ensemble ! »

ROMANCES

SUR RODRIGUE,

DERNIER ROI DES GOTHS,

IMITÉES DE L'ESPAGNOL.

Le crime de Rodrigue, le malheur de Florinde, surnommée la *Cava*, la vengeance qu'en tira son père, le comte Julien, l'invasion des Maures, qui en fut la suite, sont des événemens trop connus pour qu'il soit nécessaire d'en rapporter l'histoire.

Rodrigue régnait en l'an 712 ; la grande invasion des Maures eut lieu en 713. Ce fut, selon quelques-uns, le 15 octobre 714 ; selon d'autres, le 11 novembre, que se livra, sur les bords du Guadalété, dans les plaines de Xérès, cette bataille fatale qui décida la ruine de l'Espagne. Elle dura huit jours, pendant lesquels les chrétiens éprouvèrent diverses fortunes. Enfin, ils succombèrent. Les armes et le cheval de Rodrigue restèrent sur le champ de bataille, mais on ne put retrouver le corps du roi vaincu. De là cette croyance confirmée par quelques chroniques, qu'il ne périt point dans la bataille, mais qu'il se retira dans un ermitage, où il fit pénitence de ses fautes. On dit qu'il mourut à Visco, en Portugal, où l'on découvrit deux siècles après sa mort, un tombeau gothique avec cette épitaphe :

HIC REQUIESCIT RUDERICUS
ULTIMUS REX
GOTHORUM.

(Abel Hugo. Préface de sa traduction en prose des romances espagnoles.)

FLORINDE.

I.

Hélas ! Je ne sais qu'une histoire,
Une histoire d'amour, dont je vais m'inspirer ;
Tous les cœurs espagnols en gardent la mémoire :
Elle fait sourire et pleurer !

FLORINDE.

Florinde, avec ses compagnes,
Sort de la tour du palais ;
Folâtrant par les campagnes.

Non, dans toutes les Espagnes,
Rien n'est si beau, voyez-les!

Bientôt, leur riante foule,
En chantant, s'arrête auprès
D'un ruisseau d'argent qui roule
Des sables d'or, et s'écoule
Sous un bois de myrtes frais.

Leurs pieds, doux comme la soie,
Par l'eau vive sont mouillés;
Forinde prend avec joie
Sa ceinture et la déploie,
Et dit : mesurons nos piés.

Le ruban court sous les branches,
Et Florinde, Dieu merci,
Même au dire des moins franches,

A les jambes les plus blanches,
Et les mieux faites aussi.

Chacune aussitôt dénoue
Ses cheveux bouclés et longs ;
Le vent les berce et s'y joue ;
Ceux de Florinde, on l'avoue,
Sont les plus beaux ; ils sont blonds.

Et ces filles ingénues
Croyaient les hommes bien loin :
Et leurs grâces inconnues
Se révélaient presque nues
Aux yeux d'un ardent témoin.

Caché sous sa jalousie
Le roi Rodrigue put voir
Libres, dans leur fantaisie,

Ces nymphes d'Andalousie,
Aux blanches mains, à l'œil noir.

Toutes, jusqu'à la dernière,
Revinrent enfin par là;
Florinde marchait derrière;
Le roi, d'un ton de prière,
De son balcon lui parla :

« Belle Florinde, oh ! viens, je t'ai vue et je t'aime;
Mon sceptre et mon orgueil s'inclinent devant toi;
La suprême beauté vaut la grandeur suprême;
Pour payer ton amour c'est trop peu d'être roi.

Viens, ou je vais mourir... Je veux que les duchesses
Sur leurs pliants dorés pâlissent à ma cour;
Et détestent leur rang, leurs pages, leurs richesses,
En voyant tes grands yeux, ta gloire et mon amour. »

Florinde, au roi de Castille
Pas un seul mot n'adressa;
Elle ferma sa mantille,
Sur sa figure gentille,
Jetta son voile, et passa.

Mais attendez. Les cœurs sont faibles, par nature,
Et ce n'est pas ainsi que finit l'aventure.

RODRIGUE ET FLORINDE.

II.

RODRIGUE ET FLORINDE.

Le cœur plein de honte ;
Le front pâle, où monte
Une rougeur prompte,
Baigné de sueur ;

Sous des pleurs sans nombre
Ses regards, dans l'ombre,
Jettant une sombre
Et morne lueur ;

De ses mains craintives,
Retenant captives
Les mains trop actives
Du roi, jeune et fou ;
Une faible femme,
Rebelle à sa flamme,
Et l'orgueil dans l'âme,
Pliant le genou ;

Morte de fatigue,
Parle au fier Rodrigue,
Et prie et prodigue
Sanglots et clameurs ;
Comme si les larmes,

Avec tant de charmes,
Devenaient des armes
Contre un roi sans mœurs !

« Seigneur, qu'allez-vous faire ! ô barbare faiblesse !
Que faites-vous, seigneur ? Je suis d'un noble sang ;
Un roi doit, avant tout, respecter la noblesse,
Et Dieu veille sur moi, car mon père est absent.

Il est absent pour vous ; il combat les rois Maures ;
Cherchez-vous dans sa honte un infâme bonheur ?
Laissez-moi regagner l'ombre des sycomores,
Ma vie est en vos mains, mais non pas mon honneur ! »

Mais Rodrigue, vite,
De plus près l'invite,
Florinde l'évite
Et fuit sur les fleurs ;
Il poursuit sa trace,

Et déjà l'embrasse ;
Et voyant sa grâce,
Ne voit pas ses pleurs.

« Quand mon père, les nuits, veille auprès de sa lance,
A ses vieux ans guerriers réserves-tu ce prix ?
Roi, que diront Tolède et Grenade et Valence ?
Fuis, d'elles et de moi n'attends que le mépris !

Elle disait.... et se dégage. —
Or, qu'advint-il de ce langage,
De ces refus pleins de fierté ?
Florinde perdit l'innocence,
Le roi Rodrigue sa puissance
Et l'Espagne sa liberté.

Qui fut le coupable, en cette erreur mortelle,
De Florinde ou du Roi ? — Comme alors, aujourd'hui,
Les hommes disent que c'est elle ;
Les femmes disent que c'est lui.

LE COMTE JULIEN.

III.

LE COMTE JULIEN.

Le comte Julien, seigneur de Tarifa,
S'arrache les cheveux et la barbe en désordre ;
    On le voit déchirer et tordre
Ses bras, par qui cent fois l'Espagne triompha.
Il blesse son visage auguste, et sur ses armes
Tombent de ses deux yeux le sang avec les larmes.

Tantôt, d'un air fatal, le vieux chef espagnol
Regarde le chemin de Xérès à Cordoue ;
Tantôt, tristement il secoue
Sa tête vénérable et regarde le sol ;
Tantôt, il la relève avec les yeux en flamme,
Et regarde le ciel, portant l'enfer dans l'âme :

« Ainsi, mes cheveux blancs d'opprobre sont couverts !
Ah ! le roi leur a fait cette mortelle injure !
Haine, vengeance, je le jure.
Pauvre vieillard, sur qui tous les yeux sont ouverts !
Un seul affront flétrit toute une belle vie
Qui d'une belle mort aurait été suivie !

Roi sans cœur, roi félon, si bas dans ta grandeur,
Voluptueux tyran, de tes désirs esclave,
Homme lâche en effet, si brave
Pour corrompre une vierge et souiller sa pudeur....
Mort et damnation ! prends garde, prince infâme !
Cinq cent mille Africains vengeront une femme.

Malheur au roi Rodrigue ! et malheur éternel !
Quand l'Espagne, témoin de mon ignominie,
  Toute entière serait punie,
Les innocents païront pour leur roi criminel.
C'est juste. — Un peuple vil qu'un vil tyran domine,
Doit accepter aussi la peste et la famine.

Dieu m'est témoin pourtant que si d'autres secours
A ma sainte vengeance ouvraient une autre voie,
  Je les saisirais avec joie,
Car, l'Espagne est si belle, et je l'aime toujours ! —
Que le Maure entre donc dans l'Espagne abattue !
Qu'il désole ses champs, qu'il y ravage et tue !

On m'a fait bien du mal et j'en ferai beaucoup.
Quand les déz une fois sont jettés sur la table,
  La partie est inévitable,
Nul ne peut fuir la chance ou retarder le coup. —
Malheur donc sur le roi, qu'aucun remords n'arrête !
Qu'il perde tout, l'honneur, la couronne.... et la tête.

Il a cru que ma main n'atteindrait pas son front ;
Alors, il s'est permis toutes les violences ;.....
  Toi, qui dans de justes balances,
Pèses, Dieu des chrétiens, la vengeance et l'affront,
Prends pitié d'un soldat que sa ferveur renomme,
D'un vieillard, qu'en jouant déshonore un jeune homme. »

Ainsi, parle et rugit le comte Julien.
Sa main froisse un papier qu'à peine il vient de lire,
  Et dont ses dents, en son délire,
Ont arraché l'adresse et brisé le lien.
Hélas ! c'est une lettre, où Florinde raconte
Son malheur, si honteux pour la fille d'un comte

# LETTRE DE FLORINDE.

IV.

LETTRE DE FLORINDE.

Ah ! monseigneur et père,
Vous, en qui seul j'espère,
Vous, le seul que je crains,
Dans mes chagrins ;

Comme une pécheresse
Prie un moine et le presse,
Et baise son cordon,
    Criant : pardon !

Comme une humble sujette
Aux pieds d'un roi se jette,
En demandant merci.....
    Je fais ainsi.

Encore un regard tendre !
Avant que de m'entendre,
Vous, mon prêtre et mon roi,
    Bénissez-moi.

Oh ! mes belles années,
Qui fuyaient, couronnées
D'espérance et d'honneur !
    Oh ! quel bonheur !

Quand, près de vous sans cesse,
Ni reine ni princesse
N'avait un sort pareil,
    Sous le Soleil !

Quand, d'extase ravie,
Vous me lisiez la vie
Des bienheureux martyrs !
    Les repentirs

De Sainte-Madelaine,
Qui cacha sous la laine
Ses attraits pénitents,
    A dix-huit ans !

Et la visite étrange
Que MARIE eut d'un ange :
Et la crèche, et les rois,
    Mages tous trois !

Mon bon père, quels charmes,
Quand, dans la salle d'armes,
Où pendaient aux piliers
  Cent boucliers,

Je chantais la romance
Qui, par ces mots commence :
Le plus beau nom chrétien,
  C'est Julien.

Et les grandes armures
Rendaient de sourds murmures,
Comme au réveil d'un camp,
  S'entrechoquant ;

Et vous disiez : « ma fille,
L'âme de la famille,
Ta mère, ange mortel,
  Est dans le ciel....

Ta mère vit encore :
Sa grace te décore,
Voilà ses yeux, sa voix ;
  Je la revois ! »

C'est alors qu'à Tolède,
Une fête était laide,
Si je n'y voulais pas
  Suivre vos pas.

Dieu du ciel, et naguère,
En partant pour la guerre,
Votre brillant exil,
  Vous souvient-il,

Comme sur la pelouse,
Ma cavale andalouse
Suivit votre coursier,
  Couvert d'acier ;

Et comme, après six lieues,
Au chemin des Croix Bleues,
Il fallut s'arrêter,
    Pour se quitter !

Hélas ! hélas ! que n'ai-je.
De mes voiles de neige
Me dépouillant alors,
    Chargé mon corps

De l'airain des cuirasses ;
M'attachant à vos traces,
Comme un esquif léger
    Aime à nager

Aux flancs du grand navire,
Et triomphe ou chavire
Avec le roi flottant,
    Qu'il chérit tant.

Pourquoi, de pleurs noyée,
M'avez-vous renvoyée,
Seule, dans cette cour,
 Fatal séjour,

Peuplé d'infâmes piéges,
De complots sacriléges,
Plus noirs que les desseins
 Des Sarrasins ?

Et moi, près de la reine,
Ma digne souveraine,
Sans peur du roi, j'allais
 Dans le palais.

Plût à Dieu que la terre
Enfermât ce mystère
De crime et de remords,
 Avec ses morts !

Ah ! mes pleurs, j'en suis sûre,
Par qui sont, à mesure,
Les mots que j'ai tracés,
 Presqu'effacés,

Vous apprennent, de reste,
Ce mystère funeste,
Que je ne puis céler,
 Ni révéler.

En un mot, votre fille,
Votre sang qui pétille,
Mêlé plus d'une fois
 Au sang des rois,

A souffert avec rage,
Le plus horrible outrage
De leur vil successeur !....
 Aimez ma sœur ;

Oubliez-moi,... mais, comte,
N'oubliez pas la honte
Faite à votre maison,
    Tirez raison

De tant de perfidie,
Par le fer, l'incendie....
Dites à l'étranger
    De nous venger;

Et que l'Espagne apprenne
Mon injure et ma haine,
Par l'éclat seulement
    Du châtiment.

RODRIGUE

PENDANT LA BATAILLE.

V.

RODRIGUE

PENDANT LA BATAILLE.

C'est la huitième journée
De la bataille donnée
Aux bords du Guadalèté ;
Maures et Chrétiens succombent,
Comme les cédras qui tombent
Sous les flèches de l'été.

Sur le point qui les rassemble,
Jamais tant d'hommes ensemble
N'ont combattu tant de jours ;
C'est une bataille immense,
Qui sans cesse recommence,
Plus formidable toujours.

Enfin, le sort se décide,
Et la victoire homicide
Dit : Assez pour aujourd'hui.
Soudain l'armée espagnole,
Devant l'Arabe qui vole,
Fuit ;... les Espagnols ont fui !

Rodrigue, au bruit du tonnerre,
Comme un vautour de son aire,
S'échappe du camp tout seul ;
Sur son front altier naguère,
Jetant son manteau de guerre,
Comme on ferait d'un linceul.

Son cheval, tout hors d'haleine,
Marche au hasard dans la plaine,
Insensible aux éperons ;
Ses longs crins méconnaissables,
Ses pieds traînent sur les sables,
Ses pieds, autrefois si prompts.

Dans une sombre attitude,
Mort de soif, de lassitude,
Le roi sans royaume allait,
Cherchant des cœurs qui le plaignent,
Broyant, dans ses mains qui saignent,
Les grains d'or d'un chapelet.

Les pierres, de loin lancées,
Par son écu repoussées,
En ont bosselé le fer ;
Son casque déformé pèse
Sur son cerveau que n'appaise
Signe de croix ni *Pater.*

Sa dague, à peine attachée,
Figure, toute ébréchée,
Une scie aux mille dents ;
Ses armures entr'ouvertes,
Rougissent, de sang couvertes,
Comme des charbons ardens.

Sur la plus haute colline
Il monte, et sa javeline
Soutenant ses membres lourds,
Il voit son armée en fuite
Et de sa tente détruite,
Pendre, en lambeaux, le velours.

Il voit ses drapeaux sans gloire,
Couchés dans la fange noire,
Et pas un seul chef debout ;
Les cadavres s'amoncellent,
Les torrens de sang ruissellent...
Le sien se rallume et bout.

Il crie : « Ah ! quelle campagne !
Hier, de toute l'Espagne
J'étais le seigneur et roi :
Xérès, Tolède, Séville,
Pas un bourg, pas une ville,
Hier, qui ne fut à moi.

Hier, puissant et célèbre,
J'avais des châteaux sur l'Ebre,
Sur le Tage des châteaux ;
Dans vingt cités qui me bravent,
Sur l'or, où mes traits se gravent,
Retentissaient les marteaux.

Hier, deux mille chanoines,
Et dix fois autant de moines,
Jeûnaient tous pour mon salut ;
Et comtesses et marquises,
Au dernier tournois conquises,
Chantaient mon nom sur le luth.

Hier, j'avais trois cents mules,
Des vents, rapides émules ;
Douze cents chiens haletants ;
Trois fous, et des grands sans nombre,
Qui, pour saluer mon ombre,
Restaient au soleil long-temps !

Hier, j'avais douze armées,
Vingt forteresses fermées,
Trente ports, trente arsenaux ;...
Aujourd'hui, pas une obole,
Pas une lance espagnole,
Pas une tour à créneaux !

Périsse la nuit fatale
Où, sur ma couche natale,
Je poussai le premier cri ;
Maudite soit et périsse
La castillanne nourrice
A qui d'abord j'ai souri !

Ou plutôt, folle chimère !
Pourquoi le sein de ma mère
Ne fut-il pas mon tombeau ?...
Je dormirais sous la terre,
Dans mon caveau solitaire,
Aux lueurs d'un saint flambeau ;

Avec les rois, mes ancêtres,
Avec les guerriers, les prêtres,
Dont le trépas fut pleuré ;
Ma gloire eût été sauvée,
Et l'Espagne préservée
De son Rodrigue abhorré !

Et mon père, à ma naissance,
En grande réjouissance,
Fit partir deux cents héraults !
Et des seigneurs très-avares,
Aux joûtes des deux Navarres,
Firent tuer leurs taureaux !

Chaque madone eut cent cierges,
On dota cent belles vierges,
Pour cent archers courageux ;
On donna trois bals splendides,
On brûla trois juifs sordides....
Ce n'était qu'amours et jeux !

Ah ! que Dieu m'entende et m'aide !
Ce fer est mon seul remède,
Mais Saint-Jacques le défend ;
Ce que je veux.... je ne l'ose;
Car l'évêque de Tolose
Qui m'a béni, tout enfant,

Promènerait sur la claie
Mon cadavre avec sa plaie,
Aux regards de tous les miens ;
Puis, sur une grève inculte,
Le livrerait à l'insulte
Des loups et des Bohémiens.

Mais les trahisons ourdies,
Les chagrins, les maladies,
Sauront bien me secourir ;
Assez de honte environne
Un front qui perd la couronne,
Pour espérer d'en mourir.

Car, quelle duègne insensée
Me croirait l'humble pensée
De vivre avec des égaux ?...
Celui qui de si haut tombe,
De son poids creuse sa tombe. —
Mort au dernier roi des Goths !

BERTRAND INIGO.

VI.

Cette romance forme un épisode, au milieu des romances sur Rodrigue. L'action se passe dans un groupe de fuyards, après la bataille du Guadalèté.

BERTRAND INIGO.

Quand nous partimes tous pour aller au-devant
Des Africains, jetés dans nos plaines fécondes,
Plus nombreux que les grains de sable au fond des ondes,
Ou les feuilles des bois que tourmente le vent.

Nous jurâmes ensemble, au nom du Dieu vivant,
Que celui d'entre nous qui mourrait aux batailles,
Serait au camp du roi saintement rapporté,
Afin que sur son corps un pseaume fut chanté,
Et qu'en terre chrétienne il eut ses funérailles.

Et comme (heureux les morts tombés en combattant!)
Comme les Sarrasins, par trahisons et crimes,
Furent vainqueurs, au fort du combat, nous perdîmes
Don Bertrand Inigo, l'invincible pourtant! —
Sept fois de suite au sort les fuyards, à l'instant,
Tirèrent, pour lui rendre un honneur qu'il espère,
A qui l'irait chercher, au risque de ses jours.
Chose étrange! Sept fois, le sort tomba toujours
Sur le bon vieux guerrier, son vénérable père.

Les trois premières fois, ce fut bien le hasard,
Les quatre autres ce fut une fraude notoire ;
Fraude inutile, hélas! car, dans leurs rangs sans gloire,
Il ne fût pas resté, l'héroïque vieillard!

Il recommande à Dieu son âme, d'un regard ;
Détourne son cheval, et dévorant ses larmes,
Sans que nul l'accompagne en son pieux devoir,
Furieux de douleur, riant de désespoir,
Il apostrophe ainsi tous ses compagnons d'armes :

« Bien ! allez retrouver vos sœurs et vos enfans ;
Fuyez, Chrétiens, pour qui vivre infâmes, c'est vivre ;
Je vais revoir mon fils. Gardez-vous de me suivre ; —
Ce serait une gloire, et je vous le défends.
Une mort glorieuse, ou des jours triomphans,
Tel est le but du brave et le prix de ses tâches...
Dieu le sait : je n'ai craint qu'une fois le danger,
C'est quand j'ai vu mon fils, en héros, s'y plonger ;
Mais je ne crains plus rien que vos regards de lâches.

Au camp des Sarrasins je ne retourne pas,
A cause du serment, saint nœud qu'on ne peut rompre,
Ou du sort qu'à mes yeux vous avez pu corrompre ;
La vengeance et l'amour y conduisent mes pas.

Si mon fils, mon cher fils, en courant au trépas,
Ne s'est point souvenu du vieux père qu'il laisse,
Je veux, en retournant aux plaines de Xérès,
Lui montrer que son père, expirant de regrets,
Ne l'a point oublié, comme lui ma vieillesse.

Et vous, lâches guerriers, si les sermens sur vous
Ont quelque poids encor, que nul de vous ne croie,
En m'envoyant trouver la mort, ma seule joie,
Echapper au trépas qui vous appelle tous.
Jetez encor les dés, faussez encore les coups;
Il faudra bien savoir, escadrons de la fuite,
Qui viendra me chercher; car, par ce crucifix,
Je ne vais point là-bas pour rapporter mon fils,
Mais pour tuer long-temps et pour mourir ensuite.

FUITE DE RODRIGUE.

VII.

FUITE DE RODRIGUE.

A l'heure où les oiseaux cessent leurs chants dans l'air,
Où la terre, le sein voilé comme les veuves
    Semble attentive au bruit des fleuves
    Qui descendent jusqu'à la mer;

Où, docile aux appels de la Magicienne,
Chaque Étoile, à son tour, perce le firmament,
Brillante comme un diamant
Sur le front d'une Egyptienne;

Préférant l'humble habit des derniers paysans
A la pourpre royale, aux aigrettes guerrières,
Qu'il enfouit dans les bruyères,
Plus pâle que ses courtisans;

Cherchant dans les marais un fétide breuvage,
Dévorant l'herbe jaune et l'écorce des glands,
Et quelquefois, aux loups sanglants,
Disputant leur chemin sauvage;

Bien différent, sans or, sans insignes royaux,
De ce superbe Goth qui, sur un char d'ivoire,
Se présenta pour la victoire,
Tout étincelant de joyaux;

Sa barbe et ses cheveux collés d'un sang bleuâtre,
Moitié du sien, moitié de celui du vainqueur,
<blockquote>Un Christ d'ébène, sur son cœur,
Qu'il baise, comme un idolâtre ;</blockquote>

La tête sans armet, le visage noirci
De poussière, aux reflets d'une orageuse lune,
<blockquote>Triste image de sa fortune
Qui s'est réduite en poudre aussi ;</blockquote>

Monté sur Orélio, (1) son beau cheval de guerre,
Si las, qu'il pousse à peine un sourd gémissement.
<blockquote>Et qu'il s'en vient, à tout moment,
Donner du poitrail contre terre ;</blockquote>

---

(1) *Orélio* n'est que de trois syllabes dans la langue espagnole, et se prononce à peu près comme : *Oreillo*.

Ainsi Rodrigue, seul, comme en proie aux Démons,
Loin des champs de Xérès, grande et morne campagne,
>Cette Gelboé de l'Espagne,
>Fuit par les bois et par les monts.

Il courbe, à chaque pas, sa gigantesque taille;
Devant les yeux, il n'a que spectres et vautours,
>Et dans son oreille est toujours
>Le bruit lointain de la bataille;

Tout l'accuse et l'effraie, et le remplit d'horreur.
Il ne sait où porter ses regards. — S'il regarde
>Le Ciel; c'est le Ciel qui lui garde
>Le châtiment de sa fureur;

S'il regarde la terre; ah! la terre qu'il foule,
Cette terre des Goths, dont il était le roi,
>Elle ne connaît plus sa loi,
>Les Maures y règnent en foule.

S'il rentre dans son cœur et veut s'y reposer ;
Oh! c'est là qu'il retrouve un combat plus terrible
    Cent fois, que la mêlée horrible
    Où son sceptre vint se briser.

Quelques fuyards, blessés, perdus dans les ténèbres,
Se traînent, maudissant Rodrigue à son côté,
    Et glacent son esprit hanté
    Par mille visions funèbres.

Donc, la terre et le ciel, les vivans et les morts,
Tout, lui semble taché d'un sang indélébile ;
    Tout, dans sa pensée immobile,
    Prend la forme de ses remords.

Et Florinde! Florinde! il croit la voir encore,
Debout, échevelée, et sur tous les chemins,
    Qui pleure, et de ses faibles mains,
    Tantôt le repousse, ou l'implore ;

Ou conjure les Saints.... mais que rien ne sauva

Des brutales amours d'un prince, aux fureurs viles,

Ni des mépris de trois cents villes,

Ni du surnom de *la Cava*.

Il croit l'entendre encor, sur sa tête adultère,

Appeler, par trois fois, les vengeances de Dieu :

Sinistre et formidable adieu,

Dont la voix ne peut plus se taire !

Voilà donc quelle nuit d'inconcevables maux,

Passait le roi Rodrigue en s'enfuyant farouche ;

Et parmi les soupirs, sa bouche

Laisse pourtant tomber ces mots :

« C'était alors Rodrigue, auteur de tant de larmes,

Que tu devais t'enfuir ! roi lâche et corrompu,

Insensé, toi qui n'avais pu

Contre l'amour trouver des armes,

» Comment espérais-tu résister au malheur ?
Si tu n'avais montré cette indigne faiblesse,
Action d'un roi sans noblesse,
D'un guerrier, d'un Goth sans valeur,

» L'Espagne encor vivrait, libre, puissante, altière ;
Et sa brave jeunesse, innombrable moisson,
Dans ses champs, avant la saison,
Ne dormirait pas tout entière !

» Ma honte n'aurait pas mes vassaux pour témoins ;
Mes palais n'auraient point un Africain pour maître ;
Et la fortune aurait peut-être
Une dérision de moins !

» Mais toi, souillant encor ta vieillesse flétrie,
Toi, comte Julien, père aveugle, pourquoi,
Quand la faute n'est que du roi,
En punir aussi la patrie ?

» Tu devais me tuer, à grands coups de poignards ;
C'eut été bien agir, et la chance était bonne ;
  Mais non ; aucun pouvoir ne donne
  Le cœur des lions aux renards.

» Quelle noble pensée en un cœur vil peut naître ?
Avec tes Sarrasins va conquérir l'Enfer.
  Ah ! si dans le combat, ce fer
  Eut pu du moins te reconnaître ! ! !.. »

Rodrigue allait poursuivre encor, les yeux ardens ;
Mais la rage étouffa sa voix et ses pensées,
  Et de ses paroles pressées,
  Brisa le reste entre ses dents.

Son cheval tomba mort. — Parmi tant de désastres,
Sur ce dernier ami, le roi pleura penché,
  Et, près du cadavre, couché,
  Tandis que s'enfuyaient les astres,

Il dit : « Espagne adieu ! misérable séjour !
Terre infâme ! Adieu donc esclave autrefois reine ! »
    Et, comme Orélio, sur l'arène,
    Muet, il attendit le jour.

RENCONTRE

QUE FIT RODRIGUE.

VIII.

RENCONTRE

QUE FIT RODRIGUE.

Cependant les jours se succèdent ;
Le roi que les remords obsèdent,
Spectre, avec les regards d'un fou,
Et, pour distraire sa pensée,

Entrant ses ongles dans son cou,
Par le soleil, la nuit glacée,
Marche, marche sans savoir où.

Seul, cherchant l'oubli de son être,
Comme un loup, un soir, il pénètre,
Hurlant près des lacs en repos,
Parmi des montagnes sans bornes,
Où, devant lui, couvert de peaux,
S'offre un berger, qui, les yeux mornes,
Comptait lentement ses troupeaux.

— « Bon homme, lui dit-il, écoute;
Ne peux-tu m'indiquer ma route,
Et m'enseigner, de ce côté,
Quelque village, quelques chaumes,
Où l'on voulût, par charité,
Avant les heures des fantômes,
Me donner l'hospitalité.

Car je suis brisé de fatigue. »

Le berger répond à Rodrigue :

« Vous chercheriez pendant huit jours,

L'ami, sans rien voir davantage ;

Dans ces déserts, pays des ours,

On ne trouve qu'un ermitage

Où prie un ermite toujours. »

Le roi fut content. L'espérance

Eclaircit un peu sa souffrance,

Tel, dans l'ombre un rayon paraît.

Il pensa que dans ce refuge

Sa pénitence enfin pourrait

Obtenir du souverain juge

Quelque moins formidable arrêt ;

Et, pourvu que Dieu le soutienne,

Qu'il ferait une mort chrétienne,

A quoi certe il allait songer. —

Mais, sa faiblesse étant extrême,

Il demanda vite au berger,
S'il pouvait, dans cet endroit même,
Trouver quelque chose à manger.

Le berger tira tout de suite
Du pain et de la viande cuite,
Et deux limons de Portugal,
De sa besace dégonflée.
Le souper était bien frugal,
Le pain noir, la viande brûlée....
Pour le roi ce fut un régal.

Toutefois, sa faim assouvie,
Des brillans tableaux de sa vie,
Il recomposa les couleurs.
Vers ces festins où, sur la moire,
Riaient les dames et les fleurs,
Il retourna par la mémoire,
Et se prit à verser des pleurs.

111

Puis, « où donc, dit-il, est l'ermite ? »
Et des monts que le ciel limite
Il prend la longue route encor ;
En laissant à son hôte agreste,
Une chaîne et sa bague d'or,
Seule fortune qui lui reste,
Hélas ! de son royal trésor !

SON REPENTIR.

IX.

SON REPENTIR.

« C'est pour racheter nos fautes,
Que vous êtes descendu,
Parmi nous, indignes hôtes,
Jésus, sauveur attendu !

Divin Jésus, que je nomme
Dans un saint effroi, si l'homme
N'eut pas péché, sans remords ;
Votre nature suprême
Ne se fut pas elle-même
Faite homme, en butte à la mort.

» C'est Rodrigue, cet infâme,
Ce roi vil et déhonté,
Et qui voudrait, dans son âme,
Ne l'avoir jamais été ;
Seigneur, c'est un adultère
Qui baise humblement la terre
D'où les morts se lèveront ;
Et qui, devant votre trône,
Marcherait sur sa couronne,
S'il l'avait encore au front.

» Le sang de mon peuple crie,
Versé par le Sarrazin ;
L'Espagne entière vous prie
Contre un monarque assassin ;

O mon Dieu ! comme un peu d'herbe,
Je foulais, d'un pied superbe,
Les villes et les hameaux ;
Et, dans mon règne prospère,
Je vous oubliai, mon père,
Vous que j'invoque en mes maux !

» J'ai ri des avis célestes,
J'ai méprisé vos décrets ;
Les conseils les plus funestes
Sont ceux que je préférais.
Cent favoris, vaine tourbe,
Au front joyeux, au cœur fourbe,
M'adoraient pour un coup-d'œil ;
Et j'enfermais vos ministres,
Comme des oiseaux sinistres,
Dans leurs églises en deuil.

» Poussé par un mauvais ange,
Mon cœur, loin de vous jeté,

N'est qu'un abyme de fange,

De vice et d'impureté.

Pourtant, Seigneur, je déplore

Mon crime, et de vous j'implore

Miséricorde et pardon ;

Mais une voix implacable

Qui me poursuit et m'accable,

Comme les coups d'un bourdon,

» Crie en mon âme troublée :

Qu'il est trop tard aujourd'hui,

Que la mesure est comblée,

Que Dieu m'écarte de lui ;

Et que la mort demandée

Ne peut pas être accordée

Comme une punition,

Au Chrétien de qui la vie

D'un bout à l'autre dévie

De la route de Sion.

» Dois-je espérer ?... Je me flatte,

Je dis : ce n'est pas en vain.

Doux Jésus, que sous Pilate,
Coula votre sang divin ;
Tous les jours la sainte Messe
Consacre votre promesse ;
Vous êtes mon créateur ;
Vous n'aurez pas le courage
D'anéantir votre ouvrage,
O mon Dieu ! Dieu rédempteur !

» Je suis le bouc émissaire,
Mais vous êtes le Sauveur ;
Que mon repentir sincère
Intercède en ma faveur.
La pénitence et les larmes
Pour vous, Seigneur, ont des charmes ;
Je suis assez châtié :
Grâce !... et si la mort propice,
Ici, m'ouvre un précipice,
De mon âme ayez pitié. »

Telle est la prière sainte
Que le plus pauvre des rois

Adressait, rempli de crainte,
Au Dieu mort sur une croix ;
Tandis que sa marche lourde
Avec le bâton, la gourde,
Se traînait péniblement,
Vers les hauts rochers qu'habite
Le bon père cénobite,
Tout auprès du firmament.

LES BRIGANDS.

X.

LES BRIGANDS.

―――

« Quoi ! lâches, vingt contre un ! et le sommeil me presse.
Et, dans ces rochers sourds, d'une voix de détresse,
      Vainement crirait-on !

Et la nuit tombe, et l'ours se cache, plein d'alarmes,
Et vous avez du fer et toutes sortes d'armes,
  Et je n'ai qu'un bâton !

» Point de pleurs cependant, point de prières vaines....
Je ne sais quelle flamme a passé dans mes veines,
  Mais qui s'avance est mort.
Comme autrefois Samson, gardé par vingt cohortes,
Qui de Gaza, la nuit, déracina les portes,
  Je sens que je suis fort ! »

Et chargé d'un rameau, noueux débris d'un orme,
Rodrigue encor semblait lever sa lance énorme,
  Ou son sceptre de roi;
Et, devant son rocher, comme aux marches d'un trône,
Les Brigands, dont la foule humblement l'environne,
  Restaient muets d'effroi.

Il fait un pas, tout tremble et fuit. — A son approche,
Tous ensemble mêlés, roulaient de roche en roche,
  Comme un sombre torrent;

Arrachant leurs manteaux, et jetant sur la terre,
Javeline, poignard et large cimeterre,
  Et toujours murmurant.

Rodrigue les poursuit du regard ; il ramasse
D'une main une épée, et de l'autre une masse,
  Et debout sur le roc,
Les écoutant bondir et tomber des montagnes,
Des milliers d'Africains vomis dans les Espagnes,
  Il n'eut pas craint le choc.

Certes, dans ce moment, si de sa vieille armée
Eut paru quelque reste à sa vue enflammée,
  En criant : liberté !
Il eut, jusqu'à la mer, borne du monde antique,
Balayé les turbans, et du sceptre Gothique
  Rétabli la fierté.

Un des Brigands, sauvé, par hazard, dans sa chûte,
A confessé depuis, que l'étranger en butte
  A leur piège assassin,

N'avait pas d'un mortel l'attitude ordinaire,
Qu'avant de s'échapper, sa voix comme un tonnerre,
Mugissait dans son sein ;

Qu'il avait devant eux grandi de vingt coudées ;
Que de rouges éclairs ses prunelles bordées,
Comme un phare avaient lui ;
Que ses deux pieds marchaient du pas des avalanches,
Et que deux anges purs, vêtus de robes blanches,
Se tenaient près de lui.

C'est Dieu dont la bonté suscita ce miracle
Pour qu'un trépas subit n'apportât point obstacle
Au salut du pécheur ;
Pour que l'âme du roi, qu'il est tout prêt à rendre,
Aux sources de la Grâce, eut le temps de reprendre
Sa native blancheur.

PÉNITENCE

ET MORT DE RODRIGUE.

XI.

PÉNITENCE

ET MORT DE RODRIGUE.

Heureux celui que le Seigneur afflige ! —
La nuit pesait tristement sur la mer,
Lorsque le roi, d'un repentir amer
Tout obsédé, comme avant le prodige,

Arriva faible et l'esprit inquiet,
Vers la cabane où l'ermite priait.

Il l'aperçut, à genoux, sur la pierre,
Calme, éclairé par deux cierges tremblans,
Et rose encor sous ses longs cheveux blancs....
Des pleurs pieux couvrirent sa paupière :
Jamais le roi n'avait vu nulle part,
Depuis son père, un aussi beau vieillard !

Il s'approcha ; l'ermite lui fit signe
De le laisser finir son oraison ;
Rodrigue, au seuil de la sainte maison,
S'agenouilla, quoiqu'il en fut indigne.
 Bientôt : « Entrez, dit le saint homme, et puis,
Apprenez-moi pour vous ce que je puis.

Mais il est tard, vous êtes las sans doute ;
Étendez-vous sur ce feuillage épais.

Nous parlerons demain, dormez en paix ;
Et toutefois, pour vous remettre en route,
Gardez sur vous cette pièce d'argent....
On est toujours trop pauvre en voyageant ».

Le roi rougit. Mais quelle horreur subite,
Quand sur l'aumône il retrouva ses traits ! -
Un cri terrible et des larmes après
Et puis ces mots étonnèrent l'ermite :
« Je suis Rodrigue ; hier, j'étais le roi ;
Si vous l'osez, priez encor pour moi !

Je suis venu, conduit vers vous, mon père,
Par mes remords et par le Saint-Esprit ;
Oh ! dites-moi, le sang de Jésus-Christ,
En qui le monde et l'Enfer même espère,
Suffira-t-il pour laver mes forfaits ?
Mon front maudit se courbe sous leur faix. »

— « C'est vous ! c'est vous ! dit l'ermite, n'importe ;
Vous avez pris le chemin du salut.
Confessez-moi vos péchés. Dieu voulut
Au Paradis ouvrir plus d'une porte ;
Et la plus large, à ne vous point mentir,
Ce fut toujours celle du repentir.

A genoux donc, et songeons à votre âme ;
Nous penserons plus tard à votre corps. »
Comme Saül s'appaisait aux accords
Du saint pasteur qu'un feu céleste enflamme,
Ainsi Rodrigue a, par degrés, senti
Se soulever son sein appesanti.

Le roi s'étant confessé, le vieux prêtre
Le sermona d'un ton grave et touchant,
Puis, en prière il se mit sur le champ,
Suppliant Dieu de lui faire connaître
La pénitence, horrible assurément,
D'un tel pécheur trop juste châtiment.

Il demeura trois heures en prière,
Frappa souvent sa poitrine ; enfin Dieu
Lui révéla qu'il fallait qu'en ce lieu
Rodrigue entrât vivant dans une bierre,
Où l'on aurait d'avance renfermé
Une couleuvre au dard envenimé.

L'ermite, heureux de cet avis suprême,
L'apprit au roi qui, plein d'un saint espoir,
Se réjouit, et se mit en devoir
D'exécuter les ordres de Dieu même :
Il fit sa tombe.... et quand il s'y plongea,
Une couleuvre y remuait déjà.

Trois jours après cette épreuve accomplie,
L'ermite au roi s'adresse d'un air doux :
« Bon roi, là bas comment vous trouvez-vous ? »
— « Dieu n'entend rien ; la couleuvre m'oublie ;
C'est trop languir ; priez, mon père, afin
Que le pécheur fasse une bonne fin. »

Le saint pleurait et priait, immobile,
Encourageant le prince, sans le voir ;
Le lendemain il revint, sur le soir,
Et l'entendit qui, d'une voix débile,
Se lamentait et gémissait. — « Comment
Vous trouvez-vous, dit-il, en ce moment ?

Votre compagne est-elle enfin à l'œuvre ? »
Et le bon Roi Rodrigue répondit :
« Bien ; très-bien. Dieu prend pitié du maudit ;
Jésus n'a pas plus souffert !... La couleuvre
Suce mon foie et de ses dents le mord (1).
Priez toujours, priez jusqu'à ma mort ».

---

(1) La romance espagnole dit :

    « Come me ya por la parte,
    Que todo la merecia,
    Por tonde fue el principio
    De la muy grande desdicha.

L'ermite alors lui chanta quelque pseaume,
En l'arrosant d'eau bénite et de pleurs;
Et sur sa plaie, aux cuisantes douleurs,
De la prière il épancha le beaume.
Le roi mourut; et le prêtre étant là,
Son âme en paix droit au ciel s'envola.

CONCLUSION.

XII.

CONCLUSION.

Oh ! qui peut de l'Amour éteindre en soi les flammes !
Quel roi ne s'est pas fait l'esclave heureux des dames !
Quelle dame n'oublie, un jour de refuser !

Oh ! quel trésor vaudrait, Oh ! qui pourrait décrire,
Le trouble d'un aveu, la langueur d'un sourire,
  La saveur d'un premier baiser !

Toujours, tant que les yeux et la rougeur des belles,
Démentiront leur bouche, aux paroles rebelles ;
Tant que leurs chants auront la douceur du ramier ;
Que la rose ornera leur tresse noire ou blonde ;
Que Tolède verra leur taille svelte et ronde
  Se balancer comme un palmier ;

Toujours, tant que le fer, parure des batailles,
Les éperons d'acier, et les cottes de mailles,
Et le noir gantelet, et le panache noir,
Et le casque à visière, et la lourde cuirasse,
Légèrement portés, ennobliront la grâce
  Du guerrier qui part du manoir ;

Toujours, un vague instinct, un charme involontaire,
Un céleste besoin sauront, avec mystère,

Aux bras de la moins tendre enchaîner le plus fier ;
Et les maux qu'on endure, et les maux qu'on soupçonne,
Et ceux que j'ai chantés n'empêcheront personne
      D'aimer, comme on aimait hier.

Le comte Julien avait quitté Cordoue.
Malheureux d'un succès, que son cœur désavoue,
Il avait pris congé du gouverneur Muça.
Aussi bien, les vainqueurs faisaient assez paraître
Le mépris qu'à présent leur inspirait un traître
      Qui, pour se grandir, s'abaissa.

Avec ses serviteurs et quelques hommes d'armes
Il s'était retiré, pour dérober ses larmes,
Au fond d'un bourg, caché dans un vallon étroit ;
Où, sous des orangers, finit l'Andalousie,
Et que vient caresser, d'une vague adoucie,
      L'onde orageuse du détroit.

Florinde... LA CAVA (comme disait l'Espagne)
Avec sa jeune sœur, qui partout l'accompagne,
Et leur vieille nourrice, habitaient à Tanger ;
Sur un avis du comte, elles vinrent le joindre ;
Car le plus grand des maux c'est l'absence ; et le moindre
    Des obstacles, c'est le danger.

Ni la mer qui grondait et s'ouvrait au naufrage,
Ni tous les Sarrazins, plus cruels que l'orage,
Ni quelques Espagnols encor plus furieux ;
Rien n'arrêta Florinde. — « Un bateau, partons vîte ;
Je cherche le péril comme une autre l'évite,
    Partons ; et si je meurs, tant mieux ! »

Dieu s'arme quelquefois pour nous, quand tout est contre.
Leur voyage se fit sans trouble. — A leur rencontre,
Julien, faible et vieux, se traîna sur le port.
Dès qu'il vit ses enfans, il courba son front chauve,
Pour adorer la main qui punit et qui sauve ;
    Puis, vers Florinde, avec transport,

Il courut, rajeuni de toute sa tendresse,
Sans même voir sa sœur qui cherche une caresse.
— « Car, c'est toi, mon enfant, qui fis tous mes malheurs;
Ma Florinde, et c'est toi qui dois à ton vieux père ;
Parmi tant de chagrins, un mot qui les tempère,
  Un sourire, après tant de pleurs !

Oh ! souris-moi, ma fille, et dis-moi que tu m'aimes,
J'oublierai mes chagrins et mes remords eux-mêmes ! »
— « Je vous aime, et pourtant je tiens de vous le jour !
Je vous aime, et bénis l'instant qui nous rassemble,
Mon père, et vous auriez tous les bonheurs ensemble,
  S'ils étaient avec mon amour ! »

Voilà ce que disait La Cava, mais sa bouche
Ne put former qu'à peine un sourire farouche,
Plus triste que les pleurs qui brûlaient dans ses yeux.
Les baisers de son père, et ses paroles tendres,
Ne purent sur son front pâle et couvert de cendres,
  Ramener un rayon joyeux.

Elle se rappelait, le jour, la nuit, sans cesse,
La gloire de l'Espagne hélas ! et sa bassesse ;
Le trône des rois goths, écroulé dans le sang,
Tant de Chrétiens captifs ou passés par le sabre ;
Et les clochers aigus du vieux pays Cantabre
  Dominés tous par le croissant ;

Et le Christ insulté, ses vierges massacrées,
Ses évêques détruits, et les choses sacrées
Voyageant vers Damas, pour un profane emploi.
Puis, elle s'accusait dans son âme flétrie,
Disant : « Tous ces malheurs tombés sur la patrie,
  Ces crimes, ces fléaux,... c'est moi ! »

Ce qui rendait ses jours affreux, dans sa famille,
C'était de ne se voir ni femme, hélas ! ni fille ;
De rester sans nom, seule, avec sa honte encor ;
Et sans espoir, depuis la mort du roi Rodrigue,
De réparer jamais, ou par force ou par brigue,
  L'honneur perdu, son seul trésor.

Parmi ces noirs pensers, douloureuse tempête,
Un projet infernal lui passa par la tête;
Elle lui souriait, n'aimait qu'à s'en nourrir;
Elle n'écouta plus nul conseil salutaire,
Nulle crainte de Dieu, nul amour de la terre...
  Elle résolut de mourir.

Un soir, elle monta sur une tour très-haute,
(Phare éteint qui jadis surveillait cette côte),
Elle en ferma la porte avec précaution,
Afin que l'on ne put y monter derrière elle;
Et de là, d'une voix tout à fait naturelle,
  Et sans aucune émotion,

La Cava, donna l'ordre aux femmes de sa suite,
D'amener vers la tour, par les Romains construite,
Son père avec sa sœur. — Ils vinrent tous les deux.
Alors, d'un ton lugubre et de fatal présage,
Et tout à coup pleurant, meurtrissant son visage,
  Et jettant des regards hideux,

Elle leur dit, qu'au monde il n'était pas de femme
Si malheureuse qu'elle ; et que pour vivre infâme,
Elle aimait mieux mourir du plus cruel trépas ;
Et qu'elle implorait d'eux sa grâce, et la promesse
De faire, tous les mois, dire une sainte messe,
   Pour que Dieu ne la maudît pas.

Et du pied de la tour, leurs yeux tremblans suivirent
Tous ses mouvemens... puis, malgré leurs cris, la virent
Monter jusques au faîte et s'en précipiter. —
Dans leurs bras, relevée hélas ! à demi-morte,
Elle vécut encor trois jours entiers, de sorte
   Qu'un chapelain pût l'assister.

La jeune sœur mourut d'épouvante. Le comte
Dans cet abyme affreux de douleur et de honte,
Vivait... Heureusement, il perdit la raison.
Et la nourrice, d'âge et de chagrins courbée,
Seule de la famille, autour d'elle tombée,
   Resta pour garder la maison.

Ainsi des Juliens, la race a dû s'éteindre;

Ainsi, rois goths, la mort, l'oubli dût vous atteindre;

Ainsi l'Espagne... Non, non, Pélage viendra :

Et les rois sarrazins, dans Grenade elle-même,

Un jour ne laisseront de leur pouvoir suprême,

    Que les lions de l'Alhambra !

FIN DES ROMANCES SUR RODRIGUE.

EXTRAIT

D'UNE TRADUCTION

DES ODES D'HORACE

EN VERS FRANÇAIS.

ODE XV DU LIVRE Ier.

PROPHÉTIE DE NÉRÉE.

ODE XV DU LIVRE Ier.

PROPHÉTIE DE NÉRÉE.

Pastor cùm traheret, etc.

Quand Pâris emportait sur ses lâches vaisseaux
La fille de Léda, parjure à l'hyménée,
Nérée, au loin, fit taire et les vents et les eaux,
Pour prédire au Troyen la sombre destinée :

« Celle que tu conduis aux palais paternels,

De tous les Grecs ligués y porte la colère;

Leur glaive brisera vos liens criminels,

Et du vieux roi Priam le sceptre populaire.

Des guerriers, des coursiers, quelle sueur, hélas!

Tombe! Pour Ilion quel deuil et quel outrage!

Du casque échevelé déjà s'arme Pallas,

Tout est prêt, son égide et son char et sa rage.

Protégé de Vénus, tes longs cheveux dorés

En vain se poliront sous l'ivoire ou l'ébène;

En vain, dans tes concerts, des femmes adorés,

Tu mariras tes chants à la lyre thébaine.

Les pas de Mérion et son dard frémissant

Viendront de ton palais troubler les doux mystères;

On verra, mais trop tard! dans la fange et le sang

Traîner honteusement tes cheveux adultères.

N'entends-tu pas d'Ajax siffler les javelots?
Ne vois-tu pas courir, ardents pour ton supplice
Teucer de Salamine, et Nestor de Pylos,
Et ce grand inventeur des trahisons, Ulisse!

Tu verras Sténélus, redoutable assaillant,
Habile à diriger les coursiers et la lance;
Voilà, plus que son père et terrible et vaillant,
Diomède en fureur qui t'appelle et s'élance.

Et toi, pareil au cerf, qui, des prés savoureux
Fuit, quand le loup, de loin, a hurlé dans la plaine,
Tu fuiras, oubliant tes festins amoureux,
Et les exploits menteurs promis à ton Hélène!

Achille désarmant ses vaisseaux courroucés,
D'Agamemnon vengeur reculera la proie;
Mais, les temps accomplis, par le destin poussés,
Les feux grecs s'abattront sur les hauts murs de Troie. »

ÉPODE VII.

AU PEUPLE ROMAIN,

SUR LES GUERRES CIVILES.

ÉPODE VII.

AU PEUPLE ROMAIN,

SUR LES GUERRES CIVILES.

Quò, quò, scelesti ruitis, etc.

Arrêtez, arrêtez, où courez-vous, barbares,
    Tous, le glaive nud dans la main ?
    Quoi, Neptune et ses bords avares
Ne sont-ils pas rougis d'assez de sang romain !

Encor, s'il eut coulé dans les murs de Carthage
Aux feux latins abandonnés;
Ou pour dompter l'Ebre et le Tage,
Ou traîner au sénat cent Bretons enchaînés!

Mais non, et pour le Parthe, ô Rome, quelle joie!
Dans ton sein ton bras s'est plongé.
L'ours de l'ours ne fait pas sa proie,
Le tigre ne meurt point par le tigre égorgé.

Romains, qui vous égare? est-ce un démon farouche,
Le crime, une aveugle fureur?
Parlez.... ils se taisent. Leur bouche
Tremble; leur front stupide a pâli de terreur.

N'en doutons plus : Rémus, victime fraternelle,
Dénonça Rome aux Dieux puissants
De qui la vengeance éternelle
Poursuit le meurtrier dans ses fils innocents.

ODE IX DU LIVRE II.

A VALGIUS.

ODE IX DU LIVRE II.

A VALGIUS.

Non semper imbres.....

Les fleuves sous de lourdes chaînes
Ne sont pas captifs en tout temps,
Cher Valgius, ni les grands chênes
Toujours insultés des Autans.

De l'onde Méditerranée
Voit-on la tempête obstinée
Sans cesse éveiller la fureur ;
Ou, dans les plaines fécondées,
Chaque mois, les froides ondées
Noyer l'espoir du laboureur ?

Et d'un fils que la mort t'enlève,
Ta voix déplorant le destin,
Soupire, quand Vesper se lève,
Quand rougit l'astre du matin !...
Nestor répandit moins de larmes
Sur Antiloque, par les armes
Moissonné si jeune et si beau ;
Et la tendresse maternelle
N'a point d'une plainte éternelle,
Honoré Troïle au tombeau.

Viens, que tes douleurs étouffées
N'osent plus amollir ton cœur,

Viens, chantons les nouveaux trophées

Du grand César, toujours vainqueur :

Le Niphate, à sa voix hardie,

Et les vieux fleuves de Médie,

Abaissant leurs flots subjugués,

Et dans les étroites barrières,

Prescrites par ses mains guerrières,

Les coursiers gélons relégués.

ODE XI DU LIVRE II.

A QUIRINUS HIRPINUS.

ODE XI DU LIVRE II.

A QUIRINUS HIRPINUS.

Quid bellicosus cantaber, etc.

Laisse, cher Quirinus, par delà le Bosphore,
Le Scythe réveiller les fureurs de Pallas ;
Ne prends pas trop de soin pour une vie, hélas !
    Que la tombe sitôt dévore.

Le temps, d'un vol rapide, emporte nos beaux jours ;
La beauté brille et passe, et d'ennuis absorbée,
  Bientôt la vieillesse courbée,
Vient chassant le sommeil et les folles amours.

Avec le printemps meurt la rose passagère,
Phœbé montre et tantôt cache son front d'argent ;
Pourquoi dans l'avenir chercher, en t'affligeant,
  Des maux que la crainte exagère ;
Que n'allons-nous, parmi ces pins, aux longs rameaux,
Tandis qu'une heure encore nous est abandonnée,
  De fleurs la tête couronnée,
En invoquant Bacchus, boire l'oubli des maux.

Dans le cœur des mortels Bacchus endort les peines.
— Enfants, prenez la coupe et le vase écumeux :
Qui de vous plongera le falerne fumeux
  Dans les fraîches eaux des fontaines ?...

171.

Qui va chercher Lydie, au sourire charmant ?

Ah ! courez ! qu'elle vienne avec son luth d'ivoire,

      Et de sa chevelure noire,

Les longs flots, comme à Sparte, enlacés mollement.

ODE XVI DU LIVRE II.

A GROSPHUS.

ODE XVI DU LIVRE II.

A GROSPHUS.

Otium divos, *etc.*

Lorsque la sombre nuit, de tempêtes chargée,
Dérobe aux matelots leurs guides radieux,
Le voyageur, battu par les flots de l'OEgée,
    Demande le repos aux Dieux.

Que demandent, Grosphus, et la Thrace indomptée,
Et le Mède aux longs dards ? c'est le repos encor,
Que l'on n'achète point par la perle argentée,
    Ni par la pourpre, ni par l'or.

Non, les dons de Plutus, les faisceaux consulaires,
N'éloignent pas des cœurs les soucis abhorrés ;
Noir essaim, qui fuyant les chaumes populaires,
    Voltige sous les toits dorés.

Heureux qui révérant les vignes paternelles,
Réjouit ses festins de leur tribut vermeil !
L'avarice et la peur, compagnes éternelles,
    N'abrègent point son doux sommeil.

Pourquoi perdre en projets nos heures passagères ?
Pour des trésors d'un jour pourquoi tant s'agiter ?
L'insensé qui s'exile aux rives étrangères
    Peut-il soi-même s'éviter ?

Il part sur un coursier : le chagrin monte en croupe,
Plus prompt que le vautour qui fond du haut des airs ;
Il fuit dans un vaisseau : le chagrin sur la poupe,
  Avec lui traverse les mers.

Jouissons du présent ; par de folles allarmes,
Gardons-nous d'attrister le douteux avenir ;
Remplaçons par les ris ce bonheur, que nos larmes
  Ne pourraient pas nous obtenir.

Le Stix du grand Achille a reçu la jeune ombre ;
Tithon meurt lentement par un long âge usé ;
La Parque, de mes jours pourra grossir le nombre
  D'un jour à tes vœux refusé.

Dans tes champs spacieux cent taureaux paissent l'herbe,
Tu vois rentrer, le soir, mille blanches brebis,
Et grandir, pour ton char, la cavale superbe,
  La pourpre enflamme tes habits.

Moi, j'ai reçu du ciel, plus généreux qu'avare,

Peu d'arpens, mais je tiens des poétiques sœurs,

La lyre chère aux Grecs, avec le don si rare,

De rire des malins censeurs.

BALLADES.

LA NOCE D'ELMANCE.

LA NOCE D'ELMANCE.

※

« Beau chevalier, au pays maure
» Voyage et combat pour la foi ;
» Tous les soirs, sous le sycomore,
» Il s'assied en rêvant à moi ;

» Et moi, les yeux sur son étoile,
» Tous les soirs, j'attends en ce lieu,
» Où de sa décroissante voile,
» Me parvint le dernier adieu. »

C'est ainsi qu'Elmance, la blonde,
Chantait sur la tour des remparts ;
Là, naguère, aux bruits sourds de l'onde,
Osval lui dit : J'aime et je pars !
Là, sous cette ogive qui penche,
La vierge, en croyant refuser,
Laissa fuir son écharpe blanche,
Et pensa mourir d'un baiser.

Elmance allait chanter encore,
Mais sa mère alors la rejoint,
Sa mère, qui, sans doute ignore,
Que l'amour ne se guérit point :
« Cesse tes plaintes éternelles ;
» Ton Osval, là bas, a cherché

» Quelqu'amante, aux noires prunelles,
» Ou sous les sables est couché,

» Ecoute : George d'Eristole,
» Demande ton cœur et ta main ;
» Il a ma foi, j'ai sa parole ;
» Tu seras sa femme, demain ! »
— « Ciel, s'écrie Elmance effrayée,
» Quelle image osez-vous m'offrir ?
» Osval ne m'a point oubliée..
» Et s'il est mort, je veux mourir. »

George, baron farouche et sombre,
Au pied de la tour vient s'asseoir ;
Debout, devant lui, comme une ombre,
Elmance apparait vers le soir.
Il s'émeut ; une joie étrange
Brille sur son front menaçant ;
Mais elle, de la voix d'un ange,
Lui dit ces mots, en rougissant :

« J'aime Osval ; la fée Armantine

» M'a promise au beau chevalier ;

» A son départ en Palestine,

» J'ai pleuré sur son bouclier ;

» Osval, il a baisé ma bouche ;

» (Trop faible amante que je fus !)

» Lui seul doit visiter la couche

» D'où sont bannis tous les refus.

» Mais si mes plaintes étouffées,

» Ne me rendent pas mon Osval.

» Tu connais le pouvoir des fées.

» Malheur, malheur à son rival !

» Qu'il tremble !... Au moment où l'infâme

» Croirait triompher de ma foi,

» Il n'aurait qu'un spectre pour femme...

» A présent, George, épouse-moi ! »

Elle dit, et dans les ténèbres
Fuit et précipite ses pas

En murmurant des mots funèbres,
Que George écoute et n'entend pas.
Mais, est-il un frein légitime
Pour cet impie, au cœur de fer ?
Il rit des pleurs de sa victime,
Et des menaces de l'Enfer.

Déjà, la gothique chapelle
S'orne de feuillage et de fleurs,
Et la cloche joyeuse appelle
L'époux sombre et l'épouse en pleurs.
Vingt pages, en grande toilette,
Vont cherchant Elmance ;... un d'entr'eux
La trouve enfin près d'un squelette,
Lisant dans des livres hébreux.

On l'entraîne.... Triste et parée
La victime est devant l'autel.
La foule, en deux rangs séparée,
S'amuse à son chagrin mortel.

Vers son épouse infortunée
George se tourne en souriant....
Déjà la couronne fanée
Ne couvrait qu'un spectre effrayant.

La cérémonie est troublée :
Le prêtre se tait, l'époux fuit :
Voilà qu'à travers l'assemblée
Le fantôme ardent le poursuit.
Il le poursuit pendant une heure
Parmi les grands bois d'alentour,
Et le ramène à sa demeure,
Et monte avec lui dans la tour.

Depuis, quand l'horloge prochaine
Lentement a sonné minuit,
Une morte, traînant sa chaîne,
Du cercueil s'échappe à grand bruit.
Au lit du veuf elle prend place,
Froide, à côté de lui s'étend.

Et par un sourire de glace

Réclame un hymen révoltant.

Il crie, et se signe et récite

Mille oraisons... Vains talismans!

Le spectre s'acharne et l'excite

Par d'horribles embrassemens ;

Et, pour un instant, s'il succombe

Au poids d'un sommeil plein d'effroi,

Une voix, qui sort de la tombe,

Soudain lui crie : Epouse-moi !

LA COLOMBE

DU CHEVALIER.

LA COLOMBE

DU CHEVALIER.

C'était aux anciens jours de France,
Quand les dames faisaient la loi,
Lorsqu'on aimait sans espérance,
Et qu'aimé, l'on gardait sa foi.

Un romancier du temps raconte,
Que sur les rives de l'Adour,
Echappée aux bois d'Amathonte,
Apparut colombe d'amour.

On l'appelait *Espoir des Belles* ;
Messagère des feux discrets,
Les amans, à ses blanches ailes
Confiaient leurs plus doux secrets.
Son cri joyeux annonçait l'heure
Du berger et du troubadour,
Et, vers la propice demeure,
Son vol léger guidait l'amour.

Mais, des amans de la contrée,
Ceux que sa faveur préférait,
C'étaient la jeune Phœdorée,
Et Raymond, seigneur banneret.
Raymond, d'un nombreux vasselage,
Fier, comme le roi dans sa cour ;

Phœdorée, enfant du village,
Mais riche de grâce et d'amour.

Tous les soirs, quand de sa lumière
La lune argentait le coteau,
Raymond, pour la douce chaumière
Quittait les pompes du château ;
Et quand l'étoile matinale
Brillait au céleste séjour,
C'est toi, colombe virginale
Qui venais l'apprendre à l'amour.

Voilà que mille archers d'Espagne,
Cinq cents cavaliers navarrois,
Désolent au loin la campagne,
Car la guerre amusait deux rois :
Toutes les filles sont en larmes ;
La colombe a peur du vautour ;
Donc, Raymond vole avec ses armes,
Au dernier rendez-vous d'amour.

Les hauts barons ont pris la lance,
Et la devise et les couleurs,
Sur les blancs coursiers on s'élance,
Le sang va succéder aux pleurs.
Aux longs baisers Raymond s'arrache;
Parlant de fête et de retour,
Il s'éloigne, et sur son panache,
Voltige colombe d'amour.

Ils allaient, voyageurs fidèles,
Et, quand il fallait sommeiller,
La colombe ployait ses aîles
Dans le casque du chevalier.
Lui, rêvait et ne dormait guère,
Mais quand la bataille eut son tour,
Il devint un foudre de guerre
Celui qui ne rêvait qu'amour.

« Ma colombe, vers Phœdorée,
» Vole, vole, dit le guerrier,

» Et porte à la vierge éplorée,
» Rameaux de myrte et de laurier. »
Et chaque soir, son aîle blanche
Venait près de la vieille tour,
Lui présenter la double branche.
Gage de victoire et d'amour.

Un jour, tout le ciel était sombre,
Le printems semblait défleuri,
Ce jour-là, le front chargé d'ombre,
L'aurore n'avait pas souri.
Le soir tombait, des voix funèbres
S'élevaient des bois d'alentour ;
Et seule, attentive aux ténèbres,
Phœdorée invoquait l'amour :

« Oh ! qui viendra, quand je succombe,
» Me parler de mon bien-aimé ?
» A quels zéphirs, douce colombe,
» Livres-tu ton vol parfumé ?

» L'horizon fuit, se décolore,
» L'espoir s'éteint comme le jour,
» Et tu ne parais pas encore
» Avec le message d'amour ! »

Elle vint. — Plus de vol folâtre ;
Elle approchait en gémissant ;
On avait, sur son col d'albâtre,
Tracé des mots avec du sang.
Elle étendit son aile blanche,
Mais, au pied de la vieille tour,
Ne tomba point la double branche,
Gage de victoire et d'amour.

Le lendemain, sur la bruyère,
Un monument fut élevé ;
Le nom de Raymond, sur la pierre,
Hélas ! ne fut pas seul gravé.
Le pélerin qui voit la tombe
Pleure encor en passant l'Adour,
Et le guerrier et la colombe,
Et la vierge morte d'amour ?

LE RETOUR

DU CHATELAIN.

Le sujet de cette ballade est tiré d'une vieille chronique espagnole. En développant ou inventant la plupart des détails, j'ai reproduit, dans toute sa simplicité, la catastrophe qui est en même temps si naturelle, si imprévue et si terrible.

LE RETOUR

DU CHATELAIN.

I.

LE CHEVALIER, LA DAME.

LE CHEVALIER.

— « Vous êtes plus blanche, ô ma reine,
Que la Lune en son beau sommeil ;
Votre joue, ô ma souveraine,

Est rose, il faut qu'on vous l'apprenne,
Comme la fraise, au teint vermeil.

Mais, on cueille la fraise mûre....
Voilà bientôt sept ans, oui sept,
Que je n'ai quitté mon armure ;
Je la quitterai sans murmure,
Si vous dénouez ce lacet.

Oh ! je la passerai, ma belle,
Avec vous je la passerai,
Cette nuit que mon cœur appelle,
Depuis le jour où la chapelle
Vous vit, fort maussade, il est vrai,

Votre main dans celle du comte,
Prononcer bien bas ce grand *oui*,
Dont le bon époux fit son compte,
Et dont, à ce que l'on raconte,
Il est toujours plus réjoui.

C'est assez pour lui d'allégresse ;
C'est assez de gloire pour lui. —
J'ai rêvé, sur les mers de Grèce,
Que sa femme était ma maîtresse....
Est-ce un rêve encore aujourd'hui ?

J'ai vu de bien belles esclaves
Dans les marchés de Bassora ;
Leurs yeux noirs domptaient les plus braves,
Et de saints évêques très-graves,
Se battaient à qui les aura.

Eh! bien, je ne leur ai pas même
Touché le bout du petit doigt ;
Mon cœur a fait un long carême,
Jeûnant pour la dame que j'aime,
Comme un bon chevalier le doit.

Donc, si par votre souvenance,
Chaste j'ai pu me conserver,

J'arrive, en sainte contenance,
Pour que de mon vœu d'abstinence
On daigne enfin me relever. »

LA DAME.

— « C'est le moins qu'on vous en dispense ;
Tant souffrir par pure amitié,
Beau sire !... et cela, quand j'y pense,
Reste encore sans récompense !
Sainte Vierge, c'est grand'pitié.

Passez, passez là, sans alarmes,
Chevalier, n'ayez nul souci ;
Et très-vite, quittez vos armes. —
J'ai versé, sans vous, bien des larmes,
Priez-moi, je dirai : merci.

Le comte (ma joie est bien vraie)
Est en chasse, aux monts d'Arragon. —
Que ses chiens, qu'aucun loup n'effraie,

Meurent enragés; que l'orfraie
Mange les yeux de son faucon;

Qu'il blasphème, plus qu'il ne pleure;
Et que le grand diable d'enfer,
Par les pieds le traîne en une heure,
De la montagne à sa demeure,
Avec ses dix ongles de fer ! »

Ils étaient sur ce point bizarre,
Et sur quelques autres encor,
Dont semblait frémir la guitare;
Quand du comte, en aigre fanfarre,
On entendit sonner le cor....

II.

LE COMTE, LA DAME.

LE COMTE.

Qu'est-ce ? quel désordre ici règne,
La blanche fille, aux chastes vœux ?
Et que faites-vous là, sans duègne ?

LA DAME.

Seigneur, vous voyez ; je me peigne ;
Je tresse, en pleurant, mes cheveux ;

Parce que, veuve et sans compagnes,
Vous me laissez à la maison,
Pour courir seul dans les montagnes.

LE COMTE.

Par le vieux patron des Espagnes,
Ces mots sentent la trahison.

A qui, ma colombe chérie,
Est donc ce cheval qu'à présent,
J'entends hennir dans l'écurie ?

LA DAME.

C'est à mon père, qui vous prie,
De le recevoir en présent.

LE COMTE.

Je n'ai pas reconnu la housse
Des seigneurs de Bellamonte. —
A qui sont, dame noble et douce,
Ces armes, d'une teinte rousse,
Qu'on voit dans la salle à côté ?

LA DAME.

C'est une armure... que m'envoie
Mon frère, aux croisades vainqueur,
Pour que j'y brode, avec la soie,
Un ramier blessé qui tournoie....
Ou bien un dard qui perce un cœur.

LE COMTE.

Ou la flèche, ou l'oiseau, n'importe :
Mais votre frère a bien grandi ! —
Et cette lance, longue et forte,
Qui brille là contre la porte ?
A qui donc cette lance, di ?

LA DAME.

Prenez-la, voici ma réponse,
Prenez-la, comte, et, sans remord,
Qu'en mon cœur votre bras l'enfonce ;
Et croyez, par Sainte Ildefonse,
Que j'ai mérité cette mort ! ! —

LES

INFORTUNES INOUIES

DE TANT BELLE, HONNESTE ET RENOMMÉE

COMTESSE DE SAULX.

Cette ballade et la suivante sont de Moncrif, mais non pas telles que je les donne ici. Expliquons-nous.

Moncrif avait mis dans ces deux compositions originales une grâce poëtique, une naïveté charmante, dont notre littérature offre trop peu d'exemples. Le plan, le dialogue, le ton général du style en étaient excellens, et ces qualités essentielles ont suffi pour les faire vivre dans la mémoire de tous les connaisseurs. Souvent même, la versification en était parfaite. Mais souvent aussi, (par suite d'un système mal entendu) on y trouvait des négligences, des répétitions fatigantes, des rimes insuffisantes et jusqu'à un certain nombre de vers *faux*. Moncrif a cru sans doute donner à ses ballades quelque chose de plus naturel et de plus simple, par ces négligences et ces irrégularités mêmes. Il s'est trompé. La simplicité et le naturel doivent être dans le fonds des idées, dans les tours, dans l'expression... mais il faut toujours respecter les formes de l'art, qui ne sont rien toutes seules, mais sans lesquelles tout le reste n'a qu'une existence incomplette et passagère. Si Moncrif revenait aujourd'hui, il sentirait cette vérité, et il retoucherait ses poësies, afin de mettre partout *l'art* au niveau de la *pensée*. Il lui serait si facile de faire toujours ce qu'il a fait tant de fois !

J'ai osé le suppléer dans ce travail. J'ai refait plusieurs parties de ces deux ballades, j'en ai corrigé beaucoup d'autres; enfin j'ai revu tout le *matériel* du style et de la versification, en tâchant de m'inspirer du ton et de la manière de Moncrif pour présenter un ensemble homogène.

Les gens de lettres me sauront peut-être quelque gré d'un travail entrepris dans le seul amour de l'art, dont il ne doit me revenir aucun honneur, mais qui me sera pourtant assez payé si j'ai réussi à donner aux deux charmans petits poëmes de Moncrif un degré de perfection et un cachet de durée qu'il leur eût si complettement imprimé lui-même.

LES

INFORTUNES INOUIES

DE TANT BELLE, HONNESTE ET LE ROYALE

COMTESSE DE SAULX.

———⁂———

Sensibles cœurs, je vais vous réciter,
  Mais sans pleurer, las! comment les conter!

214

Les longs ennuis et les rudes assauts
Qu'a tant soufferts la comtesse de Saulx.

Si de beauté, de grâce et de vertu
Bonheur naissait; comme elle en aurait eu !

Elle était sœur du vaillaut Olivier :
A donc pourquoi la si mal marier ?

Non que le comte, entre les hauts seigneurs,
Puissant ne fut de vassaux et d'honneurs.

Mais las ! hélas ! c'est qu'un astre fatal
Voulait qu'il fut mari par trop brutal.

Dans son châtel, entre quatorze tours,
Comme en prison, la tint-il pas toujours.

Sans damoiselle, et sans nuls cavaliers,
Pages aucuns, et pas plus d'écuyers.

Mais, pis encor; la pauvrette n'avait
Serf ni servante, et son mari servait;

Le pain cuisait, pâtissait, rôtissait,
Faisait le lit, et volaille engraissait.

Or, si l'époux lui fit tel traitement,
C'est qu'il était jaloux étrangement.

Est-on cruel par trop forte amitié !
De ces gens-là faut avoir grand'pitié!

Mais ce mari, plus heureux qu'un meilleur,
Jaloux n'était que par fausse frayeur ;

Croyant, le fol, que si rare beauté,
Onc ne pourrait garder fidélité.

Des yeux, le jour, la couvait constamment.
De nuit, à peine, il les clôt un moment.

De sa moitié que sert d'être gardien ?
Sans sa vertu vous ne garderez rien.

Par une nuit, de galant il songea ;
A son réveil il la battait déjà.

Or, qu'est-ce donc qu'elle avait, dans ses maux,
Pour passe temps ? — Quelques bons animaux :

Un sanglier, très-fort, et deux grands loups
L'allaient suivant comme agneaux et jaloux.

Un ours des bois dans leur parc se glissa ;
En moins de rien elle l'apprivoisa.

A sa voix tendre ils accouraient soudain,
Et ne prenaient vivres que de sa main.

Plus doux cent fois, un chacun d'eux semblait
Dire à l'époux, qu'aimer il la fallait.

Quelquefois l'ours, comme on voit, s'adoucit :
Mais le jaloux toujours plus s'endurcit. —

Las! voici bien un autre désarroi!
Comte de Saulx, te faut servir le roi.

Il t'a mandé : « Mon cousin, vous viendrez
Me joindre en guerre, et bien me défendrez. »

Ne plus garder sa femme !... il s'y résout,
La rage au cœur, et la crainte surtout.

Vivres chétifs pour trois ans lui donna,
Dans la grand'tour, où vous l'emprisonna.

Or, bien qu'époux fussent depuis neuf ans,
Elle n'avait été grosse d'enfans.

Et dans la nuit, la veille du départ,
Enceinte fut (admirez le hazard)!

Mais, il s'en va, ne se doutant de rien.
Comtesse hélas! quel sort sera le tien!

Deux ans passés, deux ans et seize jours,
Elle habita le plus noir des séjours.

Et loin, bien loin qu'elle en eût du souci
Le comte absent, ses maux l'étaient aussi.

Quand un matin, grand bruit chez les vassaux ;
On ouvre l'huis, c'est le comte de Saulx.

Ciel! il la voit, berçant dans son jupon,
Et caressant le plus gentil poupon.

Morne et tremblant, il se dit, en esmoy ;
L'enfant est beau, mais il n'est pas de moi.

Il va penser qu'en la tour introduit
Page ou vassal l'escaladait, la nuit.

Sa dague alors, en fureur saisissant,
L'enfonça tout au cœur de l'innocent.

Puis, sur sa femme, avec un noir regard,
Il va levant l'ensanglanté poignard :

Femme sans foi, sans vergogne, sans mœurs ;
Recours à Dieu, tu vas mourir, tu meurs....

L'infortunée, à ces mots n'entendait,
Serrant l'enfant qui son âme rendait.

Bouche sur bouche, en si grand désespoir,
Son dernier souffle elle veut recevoir.

Quel tigre, hélas! n'eut daigné s'attendrir?
Et le cruel cet ange va meurtrir!

Vers son beau sein, déjà le fer mortel....
Mais quel tumulte, à l'entour du châtel? —

Ah! Dieu, vrai Dieu, c'est le brave Olivier
Qui l'escalade avec maint cavalier!

L'époux frissonne, et soudain se calmant·
« Madame, allons au bel appartement. »

Les y voilà. « Ça, le corps de brocard,
Juppes de soie... et faites vite; car,

Sire Olivier, vient occir, en ce lieu,
Ce noble époux qu'avez pris devant Dieu.

Vos cavaliers s'il demande : où sont-ils ?
Aux loups chassant avec chiens et fusils.

S'il vous demande : où sont vos aumôniers ?
Allant à Rome avec mes écuyers.

S'il vous demande, où damoiselles sont ?
Pélerinage à Saint-Claude elles font.

Si chambrière et filles ? — Rien, sinon
Au clair ruisseau blanchissent le linon.

S'il vous demande, où donc le petit né ?
Dieu l'a repris comme il l'avait donné.

Bref, s'il disait : votre époux je ne voi ?
Mandé par lettre, il est au camp du roi.

Mais, à la porte, Olivier s'est fâché,
Et jà le comte est sous le lit caché.

Où donc ma sœur, que l'emmène d'ici ?
— Mon frère, hélas ! me méconnait ainsi !

Ma sœur, ma sœur, ne vous remettais pas ;
Pâleur avez comme au jour du trépas.

Tout haut répond : j'ai failli de mourir ;
Et puis tout bas : las ! j'ai bien à souffrir !

Ma sœur, ma sœur, je ne vois d'aumôniers,
De clers aucuns, aussi peu d'écuyers.

Tout haut : pour Rome un chacun est parti ;
Et puis tout bas : hélas ! j'ai bien pâti !

Ma sœur, ma sœur, n'avez pages aucun,
Point de héraults, de chevaliers pas un.

Elle tout haut : ils sont chassant au bois :
Et puis, tout bas : par jour je meurs cent fois.

Ma sœur, ma sœur, où donc est votre époux,
Qu'il ne me vient recevoir avec vous ?

Tout haut : il suit le roi dans les combats ;
Puis, elle pousse un long soupir, tout bas.

Ma sœur, ma sœur, cher objet d'amitié,
Quoi ! de vos maux, me cachez la moitié !

Il est céans, ce monstre de noirceur,
Qui méconnait son trésor dans ma sœur.

Lors, l'aperçoit, et du lit l'arrachant,
Lève sur lui son coutelas tranchant.

Elle l'arrête, et, poussant un grand cri :
« Mon frère, hélas ! c'est toujours mon mari. !

Et, s'il fut doux moins que je ne voulus,
Laissez-le vivre, il ne me tuera plus ! »

— Non, tout cruel éprouve un cruel sort,
Et qui vous hait a mérité la mort.

Lors, il le frappe, et sa sœur lui montrant,
Regrette-la, dit-il, en expirant.

Et toi, ma sœur, viens chez ton Olivier,
Ducs et barons viendront t'y convier.

— Non ; mon cher fils, à peine en arrivant ,
Gît au tombeau... n'ai plus que le couvent.

Époux , époux ; fut-il comte ou dauphin ,
Onc, un jaloux ne fit heureuse fin.

LES

CONSTANTES AMOURS

D'ALIX ET D'ALEXIS.

LES

CONSTANTES AMOURS

D'ALIX ET D'ALEXIS.

Pourquoi rompre leur mariage
 Méchans parens?
Oiseaux n'auraient, sous le feuillage,
 Plaisirs si grands!

Que sert d'avoir bague et dentelle,
  Pour mieux charmer?
Il n'est pas de richesse telle
  Que de s'aimer.

Quand on s'est dit : soyez ma mie,
  Vous, mon amant ;
Que l'âme en paix s'est endormie,
  Sur un serment ;
Quand un cœur sait avec le vôtre,
  Battre et souffrir ;
Qu'on vous marie avec un autre,
  Mieux vaut mourir.

A sa mère, étant déjà grande,
  En mots précis,
La jeune Alix, un jour demande
  Son Alexis ;
« Ma mère, il faut par conscience,
  Nous marier. »

— « Ma fille, je veux l'alliance
  D'un conseiller. »

La fille, à cette barbarie,
  Bien fort pleura ;
Au couvent de Sainte-Marie
  On la cloîtra.
Là, trois ans, sans moindre lacune,
  Elle a gémi ;
Ne recevant nouvelle aucune
  De son ami.

Un jour, (quelle malice infâme !
  La mère a dit :
Alexis a pris une femme,
  Sans contredit.
Et puis, lui montrant une lettre
  Lui dit : voyez ;
Il vous écrit, c'est pour permettre
  Que l'oubliez.

Alors, conseiller et notaire
Arrivent tous.
Le curé fait son ministère ;
Mais, quel époux !..
Hélas ! danse et festin pour elle
Ne sont qu'ennui,
Ainsi que chants sous la tourelle,
Venant de lui ?

Le soir, plus grande fâcherie
Saisit son cœur ;
Sa mère la tanse et la crie
D'un ton moqueur :
Tout comme une brebis qu'on mène,
Droit au bûcher :
La pauvrette en pleurant se traîne,
Pour se coucher.

Vrai Dieu ! qu'Alix, en si jeune âge,
Se conduit bien !

Tous autres soins que du ménage
Lui sont de rien.
Voyant de son époux la flamme
Qu'il lui portait,
Elle lui donnait de son âme
Ce qui restait.

Mais las! hélas! son âme entière
A ses soucis,
Gardait son amitié première
Pour Alexis.
Cinq ans, en dépit d'elle-même,
Passa les jours,
A se reprocher qu'elle l'aime.
L'aimant toujours.

Pour chasser de sa souvenance
L'ami secret,
Prières, jeûnes, abstinence,
Rien n'y ferait

L'image adorée et jolie
>   Toujours revient,
En pensant qu'il faut qu'on l'oublie,
>   On s'en souvient.

Alix, sa joie étant finie,
>   Un jour, l'époux
Lui mène un marchand d'Arménie
>   Pour des bijoux.
« Ma moitié, faites quelqu'emplette
>   De son écrin,
Il n'est guérison si complette
>   Pour le chagrin.

Baise-moi, moutonne chérie,
>   Je vais au plaid ;
Tiens, prends de cette orfèvrerie
>   Ce qui te plaît ;
L'argent n'est que pour qu'on se donne
>   Quelque bon temps,

Voilà vingt écus, ma mignonne,
Clairs et comptants.

Il part. Le marchand, en silence.
L'écrin montrait,
Qu'Alix avec grande indolence
Considérait.
Chaque fois qu'il offre à la dame,
Perle ou saphir,
Chaque fois du fond de son âme,
Sort un soupir.

En lui, fleurs de jeunesse rose
Apparaissaient;
Mais longue barbe, air tout morose
Les palissaient.
Si de jeunesse on doit attendre
Beau coloris,
Pâleur qui marque une âme tendre
A bien son prix.

Or Alix, soucieuse et sombre
  Rien ne voyait.
Pourtant, aux longs soupirs sans nombre,
  Qu'il envoyait;
De larmes, dit-elle en soi-même,
  Ses yeux sont pleins;
Ah! s'il regrette ce qu'il aime,
  Que je le plains!

— Las! qu'avez-vous l'âme transie
  Comme je voi;
Si c'est d'aimer qui vous soucie,
  Dites-le moi.
— Hé! que sert de conter, madame,
  Pauvre martyr,
Un noir chagrin qui de mon âme
  Ne peut sortir.

Il n'est qu'un trésor dans ce monde,
  Et rien après.

Long-temps, en espoir, je me fonde
>Que je l'aurais ;
Et plus mon amitié ravie
>Crut l'obtenir,
Tant plus, j'aurais donné ma vie
>Pour le tenir.

A le voir, chaque heure passée,
>Me plaisait tant,
Je l'emportais dans ma pensée
>En le quittant.
Lorsqu'un lutin, par grand' rancune,
>Vint l'enlever,
Puis, d'un autre en fit la fortune,
>Pour m'en priver.

Et ma douleur il fallut taire
>Quand je l'appris !
Pour m'en fuir au bout de la terre
>Vaisseau je pris.

Non qu'à mon cœur fisse l'outrage
>Qu'il l'oublicrait ;
Mais pour mourir d'un bon naufrage,
>Ou de regret.

— Marchand, est-ce or, ou broderie
>Que ce trésor !
— Madame, oh ! ma perte chérie
>Surpasse l'or.
Sont-ce rubis ? — J'aurais sans peine
>Rubis perdus.
— C'est donc le trousseau de la reine ?
>— Ah ! c'est bien plus !

Depuis qu'on vint, par grand dommage,
>M'en démunir,
J'en ai tiré la chère image,
>De souvenir.
J'ai, la voyant, rage suivie
>De désespoir,

Et ne garde pourtant la vie,
>Que pour la voir.

— Si vous ne voulez que j'en meure,
>Arménien,
Oh! faites-moi voir tout-à-l'heure
>Ce si grand bien!
Lors, avec un soupir qu'il jette
>Plus loin encor,
De son sein tire une tablette
>Dans du drap d'or.

Alix, prenant la couverture,
>Comme elle y va!
Sur la tablette, en écriture,
>Ces mots trouva :
Ici je vois l'objet céleste
>De mes desirs,
Et je garde tout ce qui reste
>De mes plaisirs.

Si bien qu'Alix la tablette ouvre
>Tant vitement!
Or, qu'est-ce donc qu'elle y découvre
>Pour son tourment?
La voilà qui tombe pâmée....
>Qui ne serait
En souleur pareille abymée :
>C'est son portrait!

— Alix, Alix, tant adorée,
>Hélas! c'est moi;
Alix, mon Alix tant pleurée,
>Ranime-toi.
Ton Alexis, de Moravie,
>Vient, tout ardent,
Pour te voir et perdre la vie,
>En te perdant.

A soi-même enfin ramenée,
>Alix parla :

« Alexis, j'ai ma foi donnée,
Un autre l'a.
Ne dois ouïr de causerie,
Un seul instant ;
Mais, ne mourrez pas, je vous prie ;
Partez, pourtant. »

Des larmes elle-même essuie,
Et lui, pleurant,
Avant que pour jamais la fuie,
La main lui prend.
L'époux survient... il croit sans doute
Qu'ils sont heureux,
Car, sa dague en l'air tirant toute,
Il fond sur eux.

Leurs deux cœurs sont percés ensemble.
Mourant ainsi,
Alix, du coup qui les rassemble,
Disait : merci !

L'époux, en riant les regarde ;
Mais elle, alors :
« Nous mourons innocens, prends garde,
Prends garde aux morts. »

Depuis, d'un regard morne et sombre
Qui fait pitié,
Vers minuit, il voit passer l'ombre
De sa moitié,
Qui du doigt lui montrant la plaie
De son beau sein,
En l'appelant trois fois, effraie
Son assassin.

Quand vers sa femme, un bon génie
Guide un époux,
S'il voit un marchand d'Arménie
A ses genoux ;

Aujourd'hui , plus de tragédie ,
>Il dit soudain ,
Bon ! c'est que l'on le congédie ,
>J'en suis certain.

ÉLÉGIES, ODES

ET

POÉSIES DIVERSES.

LA LAMPE.

La Lune, sur les pas des heures.
Au trône des nuits va s'asseoir,
Et le sommeil, dans nos demeures,
Descend avec l'ombre du soir.

Des longs plis de son voile, il touche
Vos beaux yeux, à demi-fermés,
La lampe est près de votre couche,
Elle veille pour vous..., dormez !

Si, dans la nuit, l'aile d'un songe
En s'enfuyant r'ouvre vos yeux,
« Oh ! (direz-vous) reviens des cieux,
» Reviens à moi, riant mensonge,
» Ma lampe est là qui veille encor. »

Et, couronné de pourpre et d'or,
Demain, quand sur son char d'opale,
Remontera le roi des jours,
Vous la reverrez faible et pâle,
Mais veillant et brûlant toujours !

Puisse alors une voix secrette
A votre cœur parler tout bas

D'une flamme ardente et discrette,
Et que les ans n'éteindront pas :
Soit que, dans l'orgueil de vos charmes,
Vous regardiez, sans voir ses larmes,
Celui qui n'ose vous nommer ;
Ou soit qu'à vous-même ravie,
Vous abandonniez votre vie
Au douloureux bonheur d'aimer !

PLAINTE

DE LA JEUNE EMMA.

Parce que je suis jeune et vive,
 On me croit légère, oh ! non pas !
Je chante ? écoutez bien. Une note plaintive
Accompagne le rire, et s'y mêle tout bas.

C'est que j'ai rencontré des regards dont la flamme
Semble avec mes regards ou briller ou mourir,
  Et cette âme, sœur de mon âme,
Hélas! que j'attendais pour aimer et souffrir.

Ta bouche, ô mon ami, trop timide ou trop fière,
N'a trahi qu'à moitié le secret de tes vœux;
  Moi, je t'appartiens tout entière;
Pour te voir seulement je chéris la lumière,
Et, chaque nuit, un songe achève tes aveux.

Aussi, pleine de trouble et d'ivresse et d'alarmes,
J'ai fui de tes yeux noirs la brûlante douceur;
Loin de toi, contre toi, j'ai cru trouver des armes;
Mes pas du bois natal ont cherché l'épaisseur;
La biche y vient à moi se sauver du chasseur...
Tout ce qui me charmait n'a plus rien de ses charmes,
  Et même sans joie et sans larmes,
  J'ai revu ma mère et ma sœur.

Ma mère, ma sœur, mes compagnes,
Vieux château, tout peuplé de souvenirs si doux,
Verts sentiers, mon beau lac, mes forêts, mes montagnes,
C'est moi, c'est votre Emma, la reconnaissez-vous ?

Et vous, mes églantiers, dont ma rieuse enfance.
Dépouillait les rameaux enfans,
Oserez-vous refleurir blancs,
Comme aux jours de mon innocence ?

Je souffre, on ne me comprend pas ;
On s'étonne ; on me dit que je suis jeune et vive ;
Qu'il faut rire et chanter.... je vais chanter hélas !....
Pourvu qu'une note plaintive
Accompagne le rire et s'y mêle tout bas !

RÊVE.

Elle est bien loin de nous, mais nous sommes près d'elle ;
Dans les flots inconstans son image est fidèle ;
Nos fleurs gardent son souffle, et nos échos sa voix ;
On dirait que sa robe a frémi sous nos bois ;

Voilà son pas léger, sa rêveuse attitude...

Son absence pour nous n'est point la solitude.

Nous écoutons ses chants, les yeux sur elle ouverts :

Et quand ils ont cessé, nous lui faisons des vers.

O bonheur si connu ! le jour fuit... Les étoiles

Des nuits et de son cœur vont écarter les voiles.

Sa main à mes deux mains se livre sans combats ;

Et nous pensons tout haut, et nous parlons tout bas ;

Son doux regard, plus doux qu'un regard de la Lune

Cache son feu d'azur sous sa paupière brune ;

Et ma bouche idolâtre effleure ses cheveux,

Et la sienne, en tremblant, s'enhardit aux aveux,

Et le mot d'amour... Dieu ! Dieu ! tout n'était qu'un songe ;

Tant de bonheur enfin a trahi le mensonge !

SUR LE CHATEAU D'ÉCOUEN.[1]

Revoyez ces lieux pleins de charmes,
Où, tremblant d'espoir et d'alarmes,

---

[1] Ce château était consacré à l'instruction des jeunes filles de la légion-d'honneur, avant la maison royale de Saint-Denis.

Votre mère, un jour, vous mena
>En larmes,
Et revint, appelant : Anna !
>Anna !

Venez, montrez-nous votre place,
Dans la chapelle et dans la classe,
Et le ruisseau qui vous servant
>De glace,
Vous vit rieuse, et bien souvent
>Rêvant.

N'est-ce pas à cette fenêtre,
Les soirs, avant de nous connaître,
Que vous chantiez un chant d'amour,
>Peut-être ?
Et les oiseaux restaient le jour
>Autour.

Voyons la chambre calme et sombre,
Où, parmi vos sœurs en grand nombre,

261

La Lune glissait doucement,
>Dans l'ombre,

Pour baiser votre front charmant,
>Dormant.

Où donc est la salle profonde
Qui vous applaudit, jeune et blonde ;
Quand le guerrier qui gouverna
>Le monde,

Comprit vos yeux et devina
>Anna.

Là, brillaient d'une même flamme,
Votre esprit, vos regards, votre âme.
Là vous mettiez les cœurs en feu,
>Madame ;

Tout change hélas ! en temps et lieu....
>Fort peu.

SONNET.

Quand le temps, grand changeur des hommes et des choses.
Aura sur ce beau lieu jeté l'oubli des ans,
Quand chênes et sapins, brisés comme des roses,
Ne seront plus que cendre ou cadavres gisans ;

Qui sait si, du chaos de ces métamorphoses,
Ressuscitant nos bois, aux détours séduisans,
L'histoire saura dire à nos vieux fils moroses,
Quels rois y poursuivaient sangliers et faisans.

Mais peut-être mes vers, à la race lointaine,
Diront : Elle passa deux mois à Mortfontaine,
Et ces deux mois, pour nous, passèrent comme un jour;

Et c'est pourquoi les fleurs, les biches inquiètes,
Et les oiseaux-chanteurs, et les amans-poètes,
Pleins du souvenir d'Elle, aimaient tant ce séjour !

DERNIER HOMMAGE.

D'un fol amour, gage timide,
Que la complaisante amitié
Accepte aujourd'hui, par pitié,
Triste offrande, de pleurs humide,

A son oreille, ô mes cheveux,
Vous serez aux premières loges,
Pour entendre bien des éloges,
Bien des sermens, bien des aveux.

Ah ! qu'elle trouve un cœur sincère,
(L'amour qui change est si cuisant !)
Et son bonheur m'est nécessaire,
Je n'en ai pas d'autre à présent !

Si j'ai voulu de sa jeune âme
Posséder les amours constans,
C'était pour qu'elle fut la femme
La plus heureuse de son temps.

Eh bien ! privé d'elle, auprès d'elle
Déchu du rêve de mes jours ;
Qu'elle soit heureuse toujours,
Je la croirai toujours fidelle.

Mais, s'il se pouvait que d'un fat,
Chantant l'amour pour qu'on l'adule,
L'hommage insolent triomphât
De ce cœur perfide.... et crédule ;

O mes cheveux, vous serez là ;
Sonnez l'alarme à son oreille,
Criez : au trompeur ! — Sauvez-la
D'une vie à mon sort pareille.

Car, je mourrais de son regret ;
De mon front brûlant, mon ivresse
N'a détaché que cette tresse,
Mon désespoir achèverait.

Quand le vent d'Afrique profane
Le frais empire du printemps ;
Tout à coup pâlit et se fane,
La rose aux boutons éclatans ;

Et, sous le même vent flétrie,
La couronne du peuplier
Tombe autour de la fleur chérie,
Qu'il aimait tant à voir briller.

Et vous, mes vers, les seuls sans doute,
Que je puisse encor soupirer ;
L'ingrate, en son cœur, vous redoute,
Et les feux vont vous dévorer ;

Mourez aussi dans sa mémoire,
Et jamais, jamais, croyez-m'en,
Ne lui racontez mon histoire,
De peur d'attrister son roman.

OLIVIER.

La France attend sa dernière heure,
La mort sur sa gloire a passé;
Seul, Olivier vers sa demeure,
Le soir, revient triste et blessé.

Cachant son armure éclatante
Et ses larmes sous son manteau,
Pour la nuit il dresse sa tente,
Tout près des murs de son château :

« Oserai-je suspendre encore
Ma bannière à la vieille tour ?
Oserai-je à la voix d'Isaure
Demander les chants du retour !
Que répondrai-je à mon vieux père
Qui viendra, dans mes bras tremblans,
Chercher le laurier qu'il espère,
Pour rajeunir ses cheveux blancs !

Et pourtant, parmi les alarmes,
J'ai combattu trois jours entiers,
Et pourtant, sous mes jeunes armes,
Se sont courbés de vieux guerriers....
Aux caprices de la victoire
Il faut accoutumer son cœur ;

Les destins changent ; et la gloire
N'est pas toujours pour le vainqueur.

Mais quoi ! d'un belliqueux murmure
Mon coursier fidèle a frémi,
Et mon cœur bat sous mon armure
Comme s'il chassait l'ennemi.
La fortune, un moment légère,
Nous ramènera les succès,
Et jamais la palme étrangère
N'a grandi sur le sol français ! »

SUR LE CHATEAU D'ARQUES,

PRÈS DE DIEPPE.

Henry poursuivit en ce lieu
Et ses ennemis et sa belle ;
Enflammé contr'eux et pour elle,
Ni les Ligueurs ni Gabrielle

Ne résistèrent à son feu.

Voici la plaine et la tourelle,

Où, vainqueur à ce double jeu,

Ce roi, comme il en est si peu,

Fier d'une journée immortelle,

Cachait des nuits dignes d'un dieu.

Charmer, vaincre était son seul vœu :

Aucune ingrate, aucun rebelle,

Qu'il n'enchaînât à sa querelle,

Par son glaive ou par un aveu.

A la gloire, aux amours fidèle,

S'il leur dit une fois adieu....

Ce fut pour l'absence éternelle.

L'ANE ET LE ROSSIGNOL.

FABLE.

(IMITÉE DU RUSSE.)

Un âne (il s'en trouve partout)
   Se promenait dans un bocage,
N'admirant pas et mangeant le feuillage,
Il jouissait bêtement mais beaucoup.

Voilà qu'il aperçoit, retiré sous l'ombrage,
Un rossignol. — Alors, prenant son air badin :
« Ah ! c'est toi, salut mon confrère,
» Se met-il galamment à braire,
» Tu chantes, m'a-t-on dit, comme un petit *Martin*,
» Voyons, de ton gosier déroule les merveilles ;
» Devant moi tu peux tout chanter,
» Je suis digne de t'écouter,
» Regarde plutôt mes oreilles ! »

Soudain le chantre du printemps,
Eleva dans les airs sa voix sonore et tendre ;
Il pressait, suspendait ses concerts éclatans,
Il chantait le plaisir, puis gémissait long-temps ;
Et les oiseaux groupés se taisaient pour l'entendre,
Et les vents s'arrêtaient, et les troupeaux charmés
Oubliaient l'onde fraîche et les prés embaumés ;
Et, guidant ses amours sous l'ombre bocagère,
Le pâtre plus hardi, près d'un sein plus troublé,
Soupirait, sur les chants du troubadour ailé,
De longs aveux plus doux au cœur de sa bergère.

L'oiseau divin a fini sa chanson.

L'âne aussitôt : « Pas mal. Nous ferons quelque chose,

» Fort bonne qualité de son !

» Qui sait ? tu deviendrais peut-être un virtuose.

» Si notre coq t'avait donné quelque leçon. »

Contre l'arrêt classique implorant un refuge,
Le pauvre rossignol, loin, bien loin s'envola ;

Et dans les déserts s'en alla

Chanter pour les échos et non pour un tel juge.

Vous êtes parmi nous des rossignols aussi.

Poëtes ; fuyez les profanes ;

Chantez, mais à l'écart ; hélas ! dans ces temps-ci.
Qui trouvez-vous souvent pour vous juger ? — des ânes !

STROPHES ÉLÉGIAQUES.

―•••―

Je voulais méditer, et vers vous mes pensées
S'envolent, de jeunesse et d'amour insensées;
Je voulais combiner des mots savans,... mais non,

A cette ingrate absente il faut encor sourire,
Et ma plume en courant tremble et ne sait écrire
      Que les lettres de votre nom !

Eh ! bien ! n'écrivons pas. Tout ce travail me pèse.
Rêvons d'Elle, ô mon cœur, flamme que rien n'appaise!...
Ces papiers sont glacés et tombent de ma main.
Rêvons à sa voix d'ange, à son corps de sylphide,
A ses yeux de gazelle... à sa grâce perfide ;
      Rêvons, nous écrirons demain.

Demain, toujours demain ! eh ! depuis trois années,
N'en est-il pas ainsi de toutes mes journées ?
Demain, je me connais, sera comme aujourd'hui.
M'enivrer des parfums de son souffle infidèle,
De peur d'être compris des autres, fuir loin d'Elle....
      Et la chercher quand j'aurai fui ;

Voilà demain, voilà ma vie !... Ah ! pauvre esclave,
Chez tes amis joyeux va donc faire le brave !

Et tout gonflé de pleurs, va rire de l'amour !
Ou sur la lyre épique et la flûte champêtre,
Va cadencer des vers, pour que ton nom peut-être
   Vive plus tard que toi d'un jour !

Que m'importe un vain nom sans Elle ? pour quoi faire ?
C'est l'oubli que j'attends, l'oubli que je préfère ;
Son nom mourra de même et je serai vengé.
Adieu donc luth chéri, de l'âme écho sonore,
Gloire long-temps rêvée, adieu, je vous abhorre
   De tout le sombre amour que j'ai !

Si pourtant, comme aux bords des eaux se courbe un saule,
Le front, tel qu'autrefois, penché sur mon épaule,
Vous me disiez : « Ami, je ne t'ai point quitté !... »
Oh ! de quel fol espoir ma langueur est suivie !.
Essayez : un regard peut me rendre la vie,
   Un baiser, l'immortalité.

SOUVENIRS DE MORFONTAINE.

>Souvent, l'amitié réunie
>
>Au génie,
>
>Réveilla l'écho de vos bois
>
>Par sa voix.

Las ! si du Dieu j'offre la preuve
  Qu'elle est veuve,
Ne soyez pas pour l'amitié,
  Sans pitié.

Charmantes sœurs, Laure, Caliste,
  Il est triste,
Bien triste de ne pas avoir
  Le pouvoir

D'accorder son tendre délire
  Sur sa lyre,
Que les Grecs passèrent aux mains
  Des Romains ;

Ou bien sur le luth moins sévère
  Du trouvère,
Qui maintint libres et joyeux
  Nos ayeux.

Oh ! que si du siècle où nous sommes
Un des hommes
Dont les chants entrent en vainqueurs
Dans les cœurs,

Etait là, promenant ses rêves
Sur vos grèves,
Et nommant tout bas et toujours
Ses amours :

S'il voyait ces forêts sauvages,
Ces rivages
Doux et frais, ces lacs génevois
Que je vois ;

S'il entendait les eaux lointaines
Des fontaines,
Et tous ces mille oiseaux chantans,
Que j'entends ;

S'il visitait l'enclos champêtre,
Où vient paître
Le chevreuil qui palpite encor
Loin du cor ;

Et plus loin, ces grands parcs superbes,
Garnis d'herbes,
Et qui servent aux jeunes daims
De jardins ;

Et là bas, ces fécondes plaines,
Toutes pleines
Des trésors qu'Avril dédiait
A Juillet ;

Et ces îles en fleurs, pareilles
Aux corbeilles
Qu'arrange pour un jour charmant
Un amant ;

Et ces blanches troupes de cygnes
Dont les lignes
Manœuvrent en légers vaisseaux
Sur les eaux ;

Et ces monts de roches énormes
Et difformes,
Comme un camp d'éléphans amis,
Endormis ;

Et cette grotte, étroite enceinte
Où la sainte,
Recluse durant cinquante ans ;
Tout le temps,

Assise immobile, en prière,
Sur la pierre,
Grava la rondeur de son froc
Dans le roc;

Et ces tourelles sur l'arène,
Où la reine,
Qui le nom de Blanche porta,
Habita ;

Et l'ancienne commanderie,
Dépérie,
Des braves et saints chevaliers
Templiers ;

Et ce château, séjour sans cesse
De princesse,
Et près du marbre des palais,
Ces chalets,

Où le jasmin et la petite
Clématite,
Montent enlaçant leurs boutons
En festons,

Jusqu'à la rustique fenêtre
>   Où peut-être,
La bergère songe au couplet
>   Qui lui plait ;

S'il pénétrait dans la demeure
>   Où chaque heure,
Offre talent, grâce et plaisir,
>   A choisir ;

Où près d'une mère chérie
>   Laure prie,
Et n'a pour égale en douceur,
>   Que sa sœur ;

Où l'esprit s'égaie et pétille,
>   En famille,
Où les arts se sont donné tous
>   Rendez-vous....

Comme il chanterait le poète ! —

Je souhaite

Qu'il accoure, en ce doux émoy,

Car, pour moi,

Qui jamais, d'un vers qui s'inspire,

N'ai pu dire

Tout ce qu'en mon cœur je sentais...

Je me tais.

UNE PAGE DES MARTYRS.

. . . .

C'était une des nuits, dont l'ombre transparente
De la Grèce ose à peine effacer le beau ciel ;
L'air était aussi doux que le lait et le miel ;
Et l'on sentait à vivre une joie infinie ;

Les sommets de l'Athos, la mer de Messénie,

Colonide, Acritas, tous ces caps enchantés,

Brillaient à l'horison des plus tendres clartés ;

Une flotte ionienne, aux lueurs des étoiles,

Entrait dans Coronée, en abaissant ses voiles ;

Comme au tomber du jour, un essaim passager

De colombes, voguant vers un ciel étranger,

Pour dérober son vol aux ombres infidèles,

Sur un rivage ami ploie, en jouant, ses ailes.

Alcyon dans son nid gémissait doucement ;

Et la brise des nuits, de moment en moment,

Fraîche et molle, apportait jusqu'à Cymodocée,

Les parfums des lauriers, la plainte cadencée

De Philomèle, en paix sous les tilleuls mouvans,

Et la voix de Neptune, au loin battu des vents.

Le berger contemplait, assis dans la vallée,

La Lune suspendue à la voûte étoilée,

Des astres, au front d'or, guidant le chaste chœur

Et se réjouissait dans le fond de son cœur.

On n'avait pas besoin de mes faibles vers, pour être convaincu de tout ce que la prose de M. de Chateaubriand perdrait de charme, de puissance, de poésie enfin, à se soumettre au rhythme de nos *alexandrins*. Mais une étude d'après le tableau d'un maître est toujours un hommage à son génie.

LE FLEUVE.

———◆◆◆———

Soit que l'onde bouillonne et se creuse, en grondant,
Parmi les durs rochers un lit indépendant;
Soit qu'elle suive en paix une pente insensible,
Un pouvoir inconnu, vers un but invisible

L'appelle ; elle obéit, et torrent ou ruisseau,
Ne reverra jamais les fleurs de son berceau.
Le fleuve réfléchit dans sa course limpide
Et l'immobile azur et l'orage rapide ;
Les chants joyeux d'amour, les cris des matelots,
Rien ne l'arrête, il passe, arrosant de ses flots,
Tantôt de frais gazons, des bois, de beaux rivages,
Tantôt d'impurs marais et des landes sauvages ;
Puis, apparaît soudain la sombre et vaste mer
Et le fleuve gémit et tombe au gouffre amer.

Ainsi, cher Jule, ainsi nos douteuses journées,
Le front chargé de deuil, ou de fleurs couronnées,
S'écoulent promptement, jusqu'au jour redouté,
Où, pour les engloutir, s'ouvre l'éternité !

A M. ALFRED DE VIGNY

N'entends-je pas frémir la harpe des prophètes,
Dont les accens, échos du Ciel et des Enfers,
  Parlaient de malheurs dans les fêtes,
  Et de triomphes dans les fers !

A peine le sacré cantique

S'éloigne et meurt à l'Orient,

Entendez-vous, pur et brillant,

Un accord de la lyre antique :

Cette lyre que Thèbe a transmise aux Romains,

Qui sait chanter les dieux, et Néere et la gloire,

Que Chénier réveilla, si fraîche.... et dont l'ivoire.

S'échappa, sanglant, de ses mains !

Du lierre des donjons quels chants ont percé l'ombre ?

Des ménestrels du Nord c'est le luth ingénu,

Rempli, comme autrefois, de merveilles sans nombre,

Toujours rêveur, toujours amoureux, mais plus sombre,

Plus mâle et tourmenté par un souffle inconnu ;

On sent à ses élans de flamme,

On sent que Byron est venu

Et que la corde humide a vibré dans son âme.

Cher Alfred, loin, bien loin des profanes moqueurs,

Interrogez le luth, et la harpe et la lyre ;

Tous les lieux, tous les temps, à vos appels vainqueurs,

En rhythmes variés répondent, et nos cœurs

Ne changent point d'idole en changeant de délire !

SUR DES EAUX THERMALES.

Vous que nous entourons de tant d'amour, restez,

Restez sous la fraîcheur de ces flots enchantés ;

Et nous allons vous dire une douce romance

Qui souvent dans les pleurs, s'arrête, — et recommence,

Ou d'un vieux fabliau le prodige amusant,
Comme on n'en conte plus dans le monde à présent.

Et vos enfans (la vie est belle pour les mères !)
Opposent leur sourire à de tristes chimères ;
Leurs bras à vous servir s'empressent, et leurs yeux
Ne quittent vos regards que pour chercher les cieux.

Les prières du cœur sont toujours entendues.
Déjà nos soins pieux, nos veilles assidues,
Pour vous sont un plaisir... et c'est plus qu'un besoin ;
Nous serons encor là quand vos maux seront loin ;
Et tous les ans encor, pendant bien des années,
Autour de la fontaine, aux ondes fortunées,
Nous reviendrons, donnant au passé quelques pleurs,
Conjurer l'avenir par des vers et des fleurs.

LE TOMBEAU DU POÈTE.

Ils avaient déposé dans la terre muette
Ce corps, que dévora son âme de poète,
Mais nous tous, ses amis, nous revînmes le soir,
Près de ses restes froids, saintement nous asseoir,

Et nous jetions des vers à son ombre ravie,

Comme, en signe de deuil, pour saluer leurs noms,

Tonne au tombeau des rois la douleur des canons;

Quand soudain (c'était bien sa voix pendant la vie!)

Parvint à nous ce chant, tel que nous le donnons :

« O songes, confidens de l'éternel mystère,

» Songes, doux messagers des astres à la Terre;

» Apprenez à cette ange, hélas! qui manque au Ciel,

» Qu'au sein des purs esprits et du bonheur réel,

» Triste, je cherche encor ses fleurs, ses eaux limpides,

» Et le bruit de son rire, et le bruit de ses pas,

» Et de son front voilé les modestes appas ;

» Et que des beaux instans, près d'elle si rapides,

» Mon immortalité ne me console pas ! »

Et tous, levés ensemble, attentifs au prodige,

Nous nous taisions. — Enfin, ô mes amis, leur dis-je,

Vous voyez bien ; (et certe, on ne peut démentir

Cette voix que la tombe, en s'ouvrant, fait sortir.)

Quand on croit le poëte occupé d'un vain faste,
Qu'on ne lui croit un cœur, des pensers et des yeux,
Que pour son nom ; — il traîne un mal silencieux,
Et trop jeune s'éteint, brûlé d'un amour chaste,
Qui survit à la mort et souffre dans les cieux ! —

SUR UNE COUPE.

(IMITÉ DU GREC.)

Coupe légère, allez dans une main plus blanche
  Et plus transparente que vous ;
Que dans votre calice, en ruisseaux purs et doux,
  L'onde des fontaines s'épanche.

Que Bacchus s'en éloigne, et d'un flot lourd et noir,
N'en ternisse jamais la fraîcheur salutaire;....
    Quand la nymphe se désaltère
Dans son breuvage, encore elle cherche à se voir.

LE VIEUX PATRE ET LE POÈTE.

IDYLLE.

(DANS LE GOUT ANTIQUE.)

LE VIEUX PATRE.

Quand l'Orient blanchit des premières clartés,
Que cherches-tu déjà sous les bois écartés,

Jeune inconnu ? Viens-tu d'une flèche ennemie,
Attaquer sur la mousse une biche endormie,
Ou tendre au faible oiseau de perfides appâts ?
Ou, si j'en crois ton âge et tes yeux, n'est-ce pas
Que tu viens épier, sortant fraîches de l'onde,
Naïs, aux noirs cheveux, ou Théone, la blonde ;
Car, tout le jour, errant, tu cherches, et le soir,
Sur le rocher du lac, rêveur, tu viens t'asseoir,
Tantôt levant au Ciel une main frémissante,
Tantôt laissant tomber ta tête languissante,
Ou, de tes doigts distraits, déchirant une fleur.
Va, j'ai connu l'amour, je comprends ta pâleur.
Mais je sais quels secrets, par une épreuve sûre,
Des cœurs tumultueux appaisent la blessure.
Viens ; nos hardis pasteurs t'appellent à leurs jeux.
Soit qu'ils tentent les flots, ou d'un bras courageux
Disputent au torrent la brebis disparue ;
Soit, quand de ses forêts la louve est accourue,
Que de l'épieu mortel ils croisent son chemin ;
Tu peux les suivre, l'arc ou la fronde à la main ;
Ou t'armer de la hache, et de l'antique érable
Ebranler lentement la tête vénérable,

Ou, luttant de vigueur et d'adresse avec eux,
Mêler aux durs travaux des plaisirs belliqueux.
Ainsi des passions, fièvre ardente de l'âme,
Sous de mâles sueurs tombe et s'éteint la flamme.
Crois-moi, crois-en celui dont le cœur a souffert,
Et saluant le port à tes tourmens offert,
Fuis dans nos rangs actifs l'amour et ses orages.

LE POÈTE.

Par vos cheveux, encore humides des naufrages,
Vieux nocher, averti des embuches des flots,
Vous prêchez le rivage aux jeunes matelots !...
Mais les Grâces n'ont point mes soupirs, d'autres belles,
Les Muses, à mes vœux se dérobent rebelles :
Car les Muses, ainsi que les Grâces leurs sœurs,
Ne cèdent qu'à regret, de tardives douceurs ;
Elles veulent aussi qu'on pâlisse pour elles,
Et chastes, pour finir d'amoureuses querelles,
Cherchent la grotte sombre et les bosquets touffus,
Où s'en vont de la vierge expirer les refus.

LE VIEUX PATRE.

Quoi ! tu serais (quel fut mon aveugle délire !)
De ces mortels divins, de ces rois de la lyre,
Dont la bouche abondante en sons mélodieux,
Accoutuma la Grèce au langage des Dieux !..
Et moi qui t'arrêtais à mes conseils profanes !
Pardonne, l'ignorance habite nos cabanes ;
Votre Homère jamais n'a chanté parmi nous...
Pardonne au vieux pasteur qui tombe à tes genoux.

LE POÈTE.

C'est le sort des pasteurs, hélas ! que je souhaite ;
Un orage éternel tourmente le poète !..
Vous, conservez long-temps, oh ! conservez toujours,
Et vos mâles labeurs, et vos chastes amours,
Et les danses, le soir, au penchant des collines,
Et des antiques mœurs les sages disciplines. —
Je ne sais quels ennuis, quels troubles dévorans...
Et pourtant aux faveurs des Phrinés, des tyrans,

Je ne vends point les dons que m'accorda la muse !
Vieillard, vous connaissez, au nord de Syracuse,
Ce vieillard au cœur jeune, au regard inspiré,
Des sages, des enfans et du temps révéré ;
Les ans, sans la blanchir ont passé sur sa tête ;
Il est mon père ; et moi (car demain est sa fête)
Je venais, d'Erato sollicitant l'appui,
Inventer sur la lyre un chant digne de lui,
Qui doux, et carressant son oreille ravie,
Expliquât notre amour en rappelant sa vie :

« Amour et gloire à toi ! c'est toi qui dans tes fils
Et de l'âme et du corps guidas la double enfance ;
Sous ton aile, du sort nous bravions les défis ;
Toi, de notre faiblesse, ô l'unique défense !
Tu donnas le bonheur, le bonheur t'est bien dû ;
C'est un prêt généreux que nous t'aurons rendu :
Quand un ruisseau, grossi dans sa grotte profonde
S'est élancé, creusant ses rivages, soudain
Jaillissent près de lui, comme dans un jardin,
Mille arbrisseaux, nourris des bienfaits de son onde.

Ils grandissent enfin et penchés sur ses eaux,

De leur ombre pieuse ils protégent la source

Qui bientôt eut langui dans son lit de roseaux,

Sous les feux du Cancer, ennemi des ruisseaux ;

Leur feuillage entretient la fraîcheur de sa course,

Et balançant leurs fronts, de rosée inondés,

Ils fécondent les flots qui les ont fécondés... »

Apollon, sur ma lyre, oh ! par pitié secoue

Ta chevelure d'or où le laurier se joue !

Jette un rayon sur moi. C'est pour mon père...

LE VIEUX PATRE.

Adieu.

Le pâtre en soupirant te laisse avec le Dieu.

Pourquoi mes lourdes mains, hélas ! ne peuvent-elles,

Faire passer mon âme aux cordes immortelles !...

Car le plus bel emploi de notre âme, vois-tu,

C'est (après l'exercer) de chanter la vertu.

PENSÉE.

Oh ! qui me rendra ma jeunesse,
Ma jeunesse de dix-huit ans !
Qu'avec vous encor je renaisse,
Première saison, heureux temps,

Où l'azur du Ciel se reflète
Au fleuve indolent de nos jours ;
Age, où la famille est complette,
Age, où l'on aime pour toujours !

Auprès d'une mère et d'un père,
Quel malheur peut nous effrayer ?
On s'endort, on rêve, on espère....
Une mort vient nous réveiller.

Hélas ! à des lois infinies
L'univers marche résigné ;
Il est d'étranges harmonies,
Tout a son poste désigné :

Au printemps des chants et des fêtes ;
Des zéphirs à la jeune fleur ;
Au sombre Océan les tempêtes ;
Au cœur de l'homme la douleur.

Heureux du moins (et je l'éprouve)
Si dans la femme de son choix,
Celui qui perdit tout retrouve
Un écho de ces douces voix,

Un ressouvenir de ces âmes,
Un reflet des regards lointains,
Qui l'échauffaient, comme des flammes,
Et, comme elles, se sont éteints !

ÉPILOGUE.

La gloire, comme un beau fantôme,
M'apparut; son doigt immortel
Me montrait, dans le noir royaume,
Une palme, un sceptre, un autel.

J'adorai ses promesses vaines,
Son feu s'alluma dans mes veines,
Je crus l'affreux oubli vaincu...
Et mon nom s'éteint, sans mémoire,
Et je mourrai, sans que la gloire
Ait raconté que j'ai vécu !

D'obscurs travaux, de mon délire
Tiennent les élans enchaînés,
Et je ne dirai qu'à ma lyre,
Mes vers à l'oubli destinés ;
Telle, au fond d'un bois, Philomèle
A ses petits, craintifs comme elle,
Enseigne des airs ignorés ;
Ou tel, un oranger sauvage
Laisse tomber sur le rivage
Sa fleur blanche et ses fruits dorés.

Souvent, oh ! bien souvent encore,
Je vois, du sein de mes ennuis,

Un ange, qu'un laurier décore,
Passer à l'horizon des nuits...
Fuis, bel ange de poésie,
Avec ta coupe d'ambroisie,
Avec ton prisme radieux ;
Fuis ! — Ne regarde pas l'asile
Où ma jeunesse en pleurs s'exile,
Sans chanter même ses adieux !..

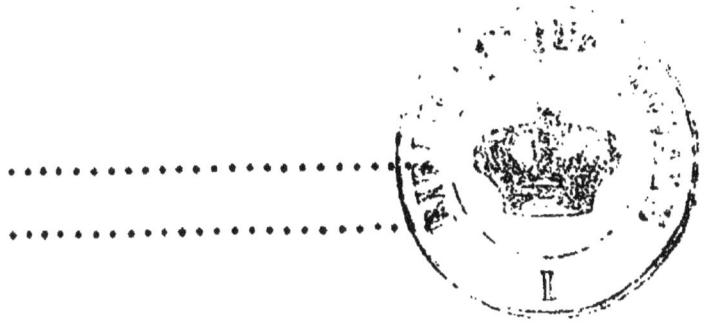

FIN.

TABLE.

Pag

Préface.

La Cloche, poëme traduit de Schiller. 1

Le Roi de Thulé, traduit de Goethe. 21

La Fiancée de Corinthe, poëme traduit de Goethe. 27

Romances sur Rodrigue, roi des Goths, imitées de l'espagnol. 41

Extraits d'une traduction des Odes d'Horace. 149

Ballades.. . . . . , . . . , . 179

Élégies, Odes et Poésies diverses. 247

Épilogue. . . . . , ... 517

www.ingramcontent.com/pod-product-compliance
Lightning Source LLC
Chambersburg PA
CBHW070434170426
43201CB00010B/1083